作者：徐振邦以及一羣本土青年寫作人

我哋玉石好有寶
作者／徐振邦以及一羣本土青年寫作人
策劃編輯／呂瑋宗
美術設計／Deep Workshop
攝影／徐振邦、呂瑋宗（部分）
出版發行／突破出版社
香港沙田亞公角山路33號突破青年村
電話：2632 0000　傳真：2632 0388
電郵：breakthrough@breakthrough.org.hk
網址：http://www.breakthrough.org.hk
http://www.btproduct.com
承印／海洋印務
2017年1月初版1刷

Our Jade is Treasure
by Chui Chun Pong et al.
First Printing, First Edition, January 2017

Printed in Hong Kong
ISBN 978-988-8392-21-6

誠邀閣下就突破出版社的書籍發表意見
歡迎加入突破書籍 Facebook page——http://www.facebook.com/btbooks.page
本書採用環保油墨印刷

社會文化
海鮮酒家

目錄

編者序——玉石有咩寶？

玉是什麼？是飾物？是信念？還是純粹石頭？

編者在幼兒階段，曾佩戴婆婆送的小玉鐲，說可保平安。記得隨着小手腕日漸長大，玉鐲開始繃緊，婆婆便在我手腕抹上肥皂，把玉鐲完整的脫了出來，繼而把新買的小玉墜掛在我頸上。初中某天，我把玉墜脫下來，開始了暴風的青少年歲月，自此便沒再戴。至最近，我初為人父，想買禮物送給初生女兒，才再接觸玉。

年輕人總覺得玉器老套，是老人家飾物，甚至是陪葬品，屬死人的東西。可是，又是很多新生嬰兒收到的首份賀禮。不少人小時候都曾佩戴玉墜，學習走路時曾打破小玉鐲。某程度說，玉又是屬小朋友、幼芽、充滿生命力，及見證成長的東西。憑玉可以寄意，可以傳情。

無論如何，由古至今，中國人都覺得玉很「有寶」，耗盡想像力和手工，給這種石頭賦予不同外貌、功能和意義：

部分和道德、生活美學有關；

部分和民間信仰有關；

部分和資本財產有關。

數千年來，玉盛載着中國人天馬行空、無窮的想像力，既有玉觀音，也有翡翠十字架。可能雕工太逼真、投放信念太強，至今仍有人誤解玉象徵迷信、以為它隱藏神奇力量。玉，是中國人重要的文化符號、也是珍貴的情感載體。

資料顯示，香港沒有玉石出產，五十年代以前，並沒有優秀的雕玉技術，更沒有玉市場。但香港人很愛玉，後來，玉市場也發展了兩個出來。不說不知，香港有「翡翠之都」之美譽，因着國際局勢、社會變遷及從業員的艱辛打拚，於短短三十年間，把廣東道發展成國際首屈一指的玉石器貿易中心。這是獅子山下一個本土產業神話，比玉本身更神奇。

買玉、揀玉考驗眼光和口才，能訓練出分辨美醜、真偽、善惡能力，以及理財投資本領，是實證、科學的知識和技法，是民間自我提升課程。可惜，隨着社會現代化，恐怕如涼茶和當舖一樣，逐漸失落、失傳、被遺忘。

玉，年輕人總感覺它和自己格格不入。脫下長輩送的玉器，似是行了「成人禮」。玉市場又是什麼？似是收藏上一代人秘密的結界，青年不得內進。其實，賞玉、戴玉無分年齡，玉市場更值得年輕人一同接觸和考察，作為趣味性的城市歷奇體驗。感謝徐振邦老師和一班作者，鑽進玉市場和歷史文獻，帶領大家走一趟穿越時空的玉旅程；感謝資深導賞員翁漢輝介紹金縷玉衣。

玉和人一樣，本無定價。但靠着匠心雕琢，投放想像力和情感，便能夠把粗糙平凡的東西，變得有意義、有價值和有內涵。

玉石最「有寶」之處，便在於此。

前言──買玉記

那年，心血來潮，想買玉。

我想買玉，其實沒有特別原因，或許，只是大概到了某個年紀，對傳統器物自然會產生興趣，認為戴玉就是平常不過的事。

帶着矛盾去買玉

可是，我沒有相熟的店鋪，買玉便顯得無從入手。大型珠寶店較有信心保證，相信買到的都是A貨，但價格卻貴得多，划不來。小店售價較便宜，但又怕買到假玉，不安心。我看見有些店主，在店堂貼上由玉器商會發出類似「信心保證」的牌子，表示店裏出售的都是A貨。可是，還有點不放心。

■ 不少店子擺放了「信心保證」的牌子。

俗語有云：「金有價而玉無價」，買了假玉固然是損失慘重，就算是買了A貨，付出了天價，也是心有不甘吧？始終，身為消費者，就算不是一定要達成物有所值的交易，總不想被騙了吧！

我想起有人寫過有關買玉的

事，提到了摩羅街。於是，我也想到港島區的摩羅街看看，可能有意外收穫。

不久前，一位年輕朋友向我出示一塊老套紅饕餮紋玉牌，說是五百元在荷里活道一家小古董店買的，不知是真是假，因為店主也說不清。我一看，告訴他買得太便宜了，因為那是一件戰國玉牌，值得佩繫把玩。又有一位資深玩家，閒來去逛摩羅街，總是以他獵鷹般的眼睛細心尋覓，當然是像沙裏尋金了，可是不止一次被他以低價買得真舊全美的器物，然後轉讓給識玉的人，所賺不止十五倍的利潤。（見玉藝專欄作家張君默著作《玉藝》）

怕中伏，便索性不買

當然，要在摩羅街買到便宜的珍品，幾乎可以說是不可能的事，就算有運氣找到美玉，也不可能便宜了。到玉市場買玉，可能比較安全。張君默的著作中，亦有提及往玉市場買玉的事：

不久前，一位朋友在油麻地天橋旁的小公園的星期天上午古玉市集，從一個小攤子，以便宜價錢買得一枚半截尾指大小的神人獸面玉琮。因為他一再研究觀察，認為應是良渚器物方才決定了要買。他與我一起拜會古玉考古家楊建芳教授時，順便請他鑑定一下，經楊教授仔細揣摩研究，也認為這是良渚器物，可見他是憑了識見買得的。

到玉市場買玉，有平有貴，任君選擇。可是，這裏的玉器

款式太多，叫我看得眼花繚亂，更不容易選到合適的玉器。玉市場的店主口才好，聽他說了幾句，感覺不買玉是損失，但正因為如此，才覺得容易受騙，最後我還是沒有買。這裏是做遊客生意的，檔主要靠口術才能吸引客人，稍不小心，就會買了假玉或買了貴玉。揀了一整天，最後還是不買了。

買玉不成，便決定離開玉市場。忽然想到當舖也有玉器出售，可以去看看。我記得，有一次去當舖典當，看到當舖將斷當物放在店裏兜售，於是走入當舖碰碰運氣。結果，給我在一間當舖裏看到一對玉戒指，款式也不錯。豈料，當我向二叔公問價時，二叔公隨口開的價錢，出乎我意料之外，是一個天價。畢竟，在商言商，當舖也是要賺錢的。我付不起天價，在當舖買玉的事也只好作罷。

某些當舖也有玉器出售。

不過，撇除是否天價的因素，我考慮了一會，還是決定不買了。我在想，這對玉戒指為何會成為斷當物？莫非原物主已走投無路，不僅要典當，還沒有能力贖回物件，故此要斷當了？物主要

■ 佐敦一帶，街道上有大大小小不同售玉的店子。

棄玉，玉又不能保護物主。似乎，這對玉戒指給人有種「不吉利」的感覺。

擔心斷當棄玉「護主不力」

我曾聽說，玉是有靈性的，可為主人擋災，起保護作用。然而，玉戒指與原主人已緣盡，玉的靈性會受到影響嗎？想了想，還是不敢買了。要是我與它相沖，買了這件斷當物，不但發揮不到和諧作用，反而害了自己，真是無妄之災了。

這個想法是有點迷信，但寧可信其有，反正買玉的事是急不來的，還是待與玉有緣時，就會買到合心意的玉器了。過了一段時間，我仍是與玉無緣。對於買玉，我應該以平常心去面對。

尋尋覓覓，我在某地看到有出售玉器的街舖。街舖面積細，所賣的玉器不多，大部分都是細件的玉器，似乎是做街坊生意的小店。我跟店主談了幾句，方知道對方是位老師傅，小店的玉器全是由他一手製作。店主很健談，但不在於推銷玉器，似是在講玉器的故事，與我交流戴玉的心得。對方還強調不會賣假的玉器。

以為隨緣，原來全憑直覺

談了一會，我覺得店主是誠實的人，對玉有一份執著，就在這一刻，心底裏完全相信，這所小店所賣的都是A貨。於是，我揀了一粒沒有什麼雕飾的玉器——設計簡單而樸實，感覺不錯。就是這樣，屬於我的玉終於到手了。雖然，跟我原本打算買的玉器款式有很大差距，但既然覺得買玉講緣分，又遇上了合眼緣的玉器，就不要猶豫，決定把它買下來。

現在，我把那個小玉器當作項鍊吊墜，戴在自己的頸上了。

第一部【金玉滿堂】

香港「翡翠之都」育成記

頸上的吊墜很別緻，心想師傅一定花了不少心機打磨。逛了多間賣玉器的店子，發現玉市場真是個萬花筒，款式琳瑯滿目，老闆學識淵博，一切東西充滿故事性和神秘感。據老闆說，香港有「翡翠之都」之美譽，是個本土產業神話。

摸着吊墜，便想回到過去，探索香港玉故事。

1.1

本港玉業，二戰後崛起

■ 玉器街七十年代的景象。（區議會展板圖片）

香港玉業發展大事

- 1945年　第二次世界大戰結束
- 1950年　有玉器商於廣東道擺地攤賣玉器
- 1960年　廣東道成為玉器商販集中地，部分人租舖營業
- 1961年　德輔道中玉器市場開幕
- 1972年　廣東道路面的玉器地攤，開始圍繞人人茶樓一帶發展；美國總統尼克遜訪華，掀起全球「中國熱」
- 1974年　香港玉器業工商會成立
- 1978年　廣東道成為國際玉器市場
- 1984年　廣東道路面的玉器地攤，遷至甘肅街
- 1990年　廣東道的玉石原材料和玉器製成品供應量，佔全球百分之八十
- 2005年　廣東道被正式命名為「玉器街」；深水埗區議會促成深水埗玉石市場
- 2010年　玉器街擺放近四噸緬甸原玉石作為地標

香港沒有玉石原材料出產。二戰結束前，還沒有優秀的玉石師傅，更沒有玉市場。一場世界大戰，為何令本港的玉業突然由零開始，繼而蜚聲國際？

1.2

雕玉絕技，隨移民潮南傳

■ 若沒有精巧工藝，玉石的價值便被「封印」。

戰前，香港沒有經正式訓練的玉石師傅。戰後，內地仍飽受內戰之苦，一批身懷技藝的玉石師傅，從北京、上海、杭州等地，遠道南遷到港從事玉石器生意。他們向港人傳授工藝和經驗，培訓出首批本土師傅，對日後玉業發展奠定良好根基。在最輝煌時期，全港玉石師傅人數一度超過一千人。

在五、六十年代，香港玉石師傅已掌握一流的手藝，打磨出來的玉器風行全球。當時，師傅的月薪可達八百至一千元，相比當時大部分工人階層月薪約五百元的收入，算相當不錯。

五十年代，一篇舊報紙所載，題為〈鑲製玉器的工友〉的文章，記錄了當時香港玉業的情況，節錄部分內容如下：

本港工人加工製的各種玉器，除了供給本港人士所選購外，各地來港的遊客所選購的，亦佔有很龐大的數字，不過，以一般美國的遊客購買為最多，而出口轉銷到美國、沖繩島、高棉、北婆羅等地，為數也不少。

目前本港加工製造出來的玉器首飾，以有耳環、項鍊、手鐲、別針、戒指等最多。而外國人所最喜歡的，首推中國式的小擺設，如玉觀音、瑪瑙、鼻煙壺、水晶鳥、珊瑚人，和一些具備東方文化特點的東西。因為這些製品，是特殊的手藝，而且完全由工友親手鑲製，自有其藝術價值存在的。

目前香港鑲製這些玉器的人並不多，據聞只有十多人。他們的工資，每天可賺二十或三十元，一對水晶鳥或玉觀音，需要花十多二十天的時間，才可以完成。

通常一件玉器的鑲製過程，如果是緬甸的原璞玉石，它的工作是先由開料打磨，釬等過程，不過，每一部分的工作，要有良好的技術，才可以走到每一個崗位工作。

緬甸的璞玉為什麼要傳給香港開鑿呢？為了這個問題，筆者日前曾走訪一位從事幾十年琢玉石工作的老工友說：緬甸沒有優良的琢玉師傅，所以把它運出海外各地銷售。（1957年12月1日《華僑日報》）

由於香港的玉器手工一流，不少玉器外銷到附近地區，包括中台日韓，甚至遠達歐美等地，出口量高峰時一度佔全世界近八至九成的市場。

內地搶佔市場，港漸光輝不再

當時，不少香港玉器商販前往緬甸等玉石產地，親手採購原石。後來，隨着內地經濟發展、社會開放，內地人對玉器的需求增加。內地有大量玉資源，可以大量生產玉器，加上有龐大的內需，有極大發展優勢。

隨着有本港玉石師傅往內地發展，把技術回流，逐漸威脅本地市場的領導地位。近年，本港玉石師傅人數已從高峰期大幅銳減，減少了接近九成。

據悉，近年在香港當玉石學徒，每月約有三千元薪酬，基本培訓期需時約三年。但隨着本港專上教育普及，坊間有各類文憑及證書課程，為各行各業培訓受認證的專業人才，已很少有新人願意入行當傳統的玉石學徒。在人才短缺、市場遭搶佔的情況下，香港玉業正面臨大幅度萎縮。

【特寫】自身難保，玉石祖師爺也走難

中國有很多傳統行業，各自都有自己的祖師爺。從業員都盼望，祂能保佑行業興隆發展，玉業也不例外。隨着二戰後內地政局動盪，連玉石祖師爺也自身難保，部分「走難南遷」，後來獲得本港師傅供奉。

根據資料所示，玉石行業的祖師並沒有統一的說法。較多人認同的，以黃鐘的《三十六行之祖師考》所載的「玉石業：白衣神」（另一說是「白衣紳」，可能是手民之誤）的說法，亦有人認為玉石業所供奉的，應該是白玉觀音。不過，無論是白衣神、白衣紳，還是白玉觀音，都只是留下祖師爺的名字，並沒有作詳細的說明。

中國雲南是玉石盛產地之一，那裏有一座與玉石祖師爺有關的廟宇，名「騰衝白玉祖師殿」。這所「騰衝白玉祖師殿」是全國僅有的玉石廟宇。

白玉真人祖師像，文革時被毀

「騰衝白玉祖師殿」始建於清道光元年（1821年），原址在騰衝城西南明永歷寶妃墓旁，後來廟宇毀於戰亂。到了清光緒七年（1881年），騰衝寶貨行公會在來鳳寺右側重建了祖師殿，並塑造了白玉真人祖師像。可惜，這座清朝的塑像在文革期間被毀。直至1993年底，騰衝縣珠寶協會再次斥資重建，才成為今天的模樣。

白玉真人祖師同樣取用「白」字，大概同樣是由白衣神、白衣紳、白玉觀音所引伸而來。不過，稍為不同的，是這位白玉真人祖師是有名有姓的人物，就是春秋時期楚國相玉大師──卞和。卞和，是《史記》所記載和氏璧的原主人。民間以卞和為玉石業的祖師，也是合理的。

除了卞和外，還有元代的邱處機，也被認為是與玉石有關的祖師爺。邱處機道號「長春真人」，相傳他能「掐金如面，琢玉如泥」，被北京玉石業行會尊為琢玉業的祖師爺。

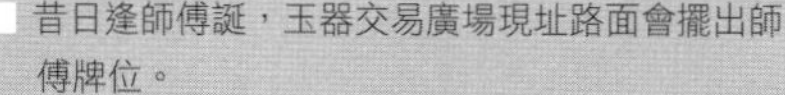
昔日逢師傅誕，玉器交易廣場現址路面會擺出師傅牌位。

伯爵酒樓現址為佐敦廣場。

港師傅誕，牌位放路邊供人上香

至於香港的玉業，亦有另一位祖師爺──林福民。

據從事玉業的老行尊表示，每有與玉業有關的喜慶或聚會，都會到佐敦道28號的伯爵酒樓三樓設筵（已結業，現址為佐敦廣場）。而在每年農曆三月十七日，即玉石師傅誕，更是玉器商的大節日。商會會請出師傅的牌位，放在玉器交易廣場現址的行人路上，讓所有玉器從業員上香拜祭。

每年林福民先師寶誕，業界都舉辦聯歡會慶祝。

到了現在，慶祝儀式稍有不同了。香港九龍玉器工商聯會一篇文章〈玉石器業先師寶誕之歷史〉，便披露了相關資訊：

香港玉石器業所供奉的師傅

姓林名福民，福建人，還有師弟姓李名清微，福建人，兩人向師公拜師學藝，他們的師傅姓丘名珏，北京人，根據故老相傳，丘珏師公，身懷絕技，抱負不凡，南下發展，事業有成。

師傅林福民和李清微，是丘師公的最得意門生，經他教導出來的徒子徒孫，大都揚名立萬，創業千秋，並創立了六個堂口（部門）流水作業，分工合作，名誦一時，流芳百世，造福行友，衣食無憂。

清明時節倍思親，更值林福民先師誕辰（農曆三月十七日），為了紀念師傅，玉業各行友舉行聚餐晚會，以示慶祝。

六個堂口名稱如下：

成章堂：雕刻花草

鎮寶堂：做玉鐲

成福堂：鑽孔

成禮堂：雜項

裕興堂：全商業

均裕堂：工商業

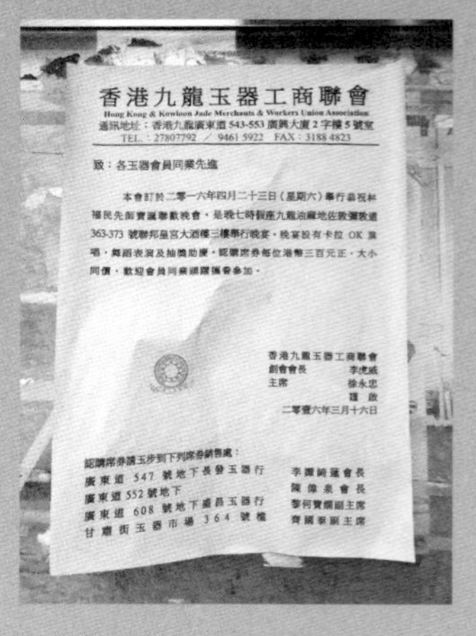

玉器市場內告示板，貼有先師寶誕宴會通告。

林福民和李清微兩位師傅的祖墳，位於廣州市白雲山麓的景泰坑。在五十年代以前，每年的清明節，從業員都會前往祖墳拜祭，到了晚上才返回市內酒家聚餐，以表敬意。

至今，香港玉業人士再沒有到廣州拜祭，只是每年逢農曆三月十七日，香港兩大玉器商會——香港九龍玉器工商聯會和香港玉器商會，舉行紀念林福民先師寶誕晚會作為會慶，以加強會員和業內人士之間的聯誼，並藉以傳承和弘揚先師的玉石工藝及精神。

1.3

首個玉市場，原來在上環

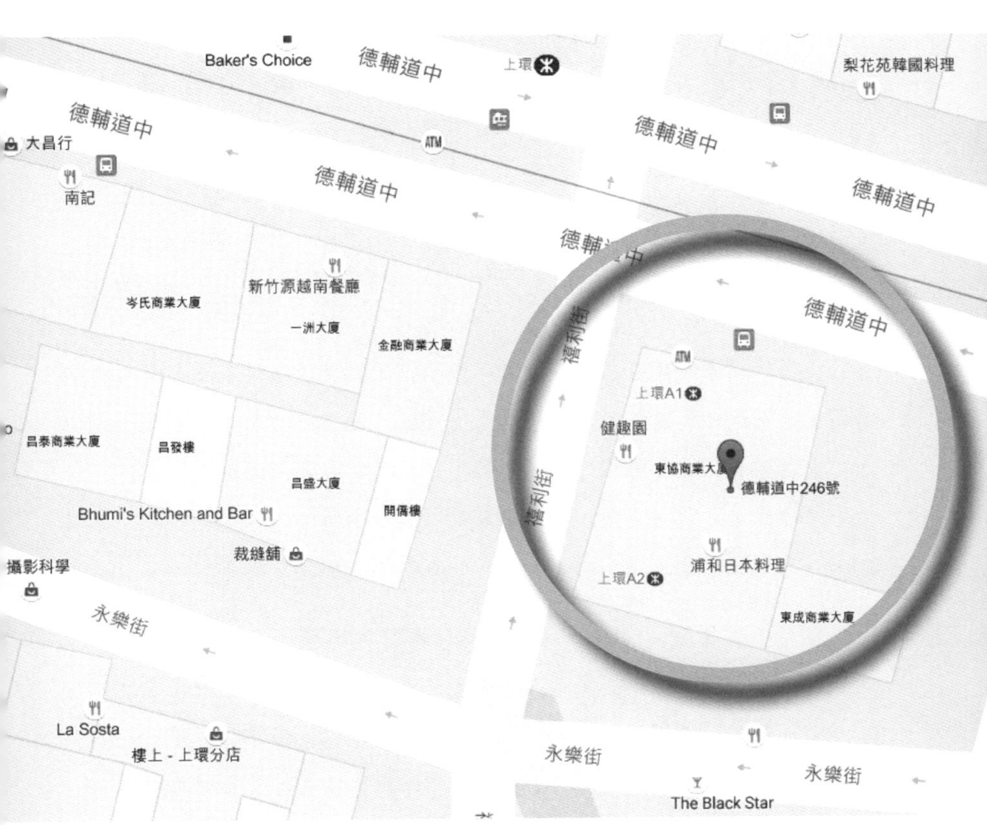

■ 首個玉市場位處香港上環德輔道中246至248號，現址為1987年落成的東協商業大廈，即上環站A1出口附近。按協成行公關部回覆，並無當年玉器市場的相關資料。

數十年前，在互聯網未出現的世代，香港玉器商販一直想盡辦法向外國傾銷玉器，其中一個方法，就是吸引外地遊客主動來港，親身選購由本地師傅精心打造的成品。早於二十世紀中期，香港業界已有呼聲，渴望設立販賣玉器的集中地。

於六十年代，已有商販集中在九龍廣東道一帶經營玉石器生意，是日後玉器街的雛型。不過，當時一個大型的玉市場，開設在中環德輔道中，名為「香港玉器市場」。這個「香港玉器市場」於1961年1月16日開幕，可能是本港首個玉市場。它開業時隆重其事地進行宣傳，1961年1月的報章有多篇報道，如下：

「香港玉器市場」的位置，就是在：德輔道中二百四十六號，香港玉器市場，於1961年1月16日開幕。（1961年1月14日《華僑日報》）

玉器市場在中國有數百年歷史，俱以信用昭著，深得各界人士信賴，故業務極為蓬勃，至本港則尚屬首創，現集中港九玉器業人才，在港開石琢造。據該行同業透露，謂規模宏大之玉器市場開業後，對各國遊客到港採購，無疑為最佳之交易場所。（1961年1月14日《大公報》）

本港玉器業殷商多人，以香港為世界著名商埠，年中外國遊客蒞臨採購珍飾者極眾，尤以玉器最吃香，為維護本行傳統崇高信譽，堅定顧客信念起見，特聯同創設香港玉器市場，以貨真價實，絕對忠誠為主旨，場內所有大小玉器，均經嚴格鑑定，全無贗品劣

貨，務令顧客放心選購。（1961年1月14日《香港工商日報》）

商販雄心萬丈，欲搶攻國際市場

開設「香港玉器市場」之目的，就是要成立一個最佳的交易場所。事實上，當時香港已是國際上重要的玉器出口地，已有不少外地遊客專程來港選購玉器。因此，「香港玉器市場」應運而生。

業界人士盼望，成立「香港玉器市場」後，可奠定香港玉器業的國際地位。但除了能吸引外地遊客，也必須方便本地商人。

日後，讓玉業翻起風雲的地方，卻是對面岸的九龍。

後來孕育本港玉業的地方，卻不是上環的商業地帶，而是九龍。

1.4

玉石「一條龍」，廣東道地攤起風雲

■ 孕育本港玉業的地方，只是條外表普通的小街道。

本港玉業發展之初，集中在舊油麻地避風塘、上海街及新填地街一帶。由於附近有很多航海商人和漁民出入，因擔心海途上有危險，他們喜歡購買隨身佩玉，祈求一帆風順、出入平安。從內地南遷香港的玉石師傅，也多選擇在佐敦道與廣東道一帶聚居，並經營玉業。玉石巨龍，正潛伏於此。

自五十年代開始，愈來愈多玉器商人往附近結集活動，主要集中在佐敦道至西貢街一段。當時，商販只是擺設地攤，用報紙或白布鋪在地面，在馬路兩旁開檔擺賣玉器。

今天這條外觀普通、位於住宅區的街道，看上去還有點陳舊破落，竟然是孕育香港成為「翡翠之都」的搖籃。究竟，當年這些小小地攤，如何牽起風雲巨變，讓香港玉器業衝出國際？

地攤帶動社區轉營，向四方八面舞爪

至六十年代，廣東道一帶的玉商販活動範圍愈來愈廣闊，由瑞香園（位於佐敦道和廣東道交界）一直伸展到西貢街公園，不斷「張牙舞爪」擴散開去。保守估計，當時在廣東道已有數百檔玉器地攤。至1972年，玉器地攤的數目仍不斷增加，大部分集中在人人茶樓（即四海玉器中心現址）附近。當時的人人茶樓，正是商販的主要集中地，不少與玉業有關的喜慶活動，也是在這裏舉行。

四海玉器中心，位置前身是人人茶樓。

巨玉地標。

啟儀閣
永安樓
Temple St
順華大廈
裕大廈
Saigon Street
西貢街
吳松街
熟食
西貢街
炮台街
海源大廈
西貢街
富成快餐店
寶倫大廈
Bombay Indian
宁波街/上海街休憩花园
嘉泰大樓
榮興大樓
浩如樓
寧波街
金寶大廈
瑞香園
廟街夜市
唐朝點心小廚
瑞香園大廈
德利樓
南京街
香辣蟹
芭堤雅燒烤
南京大廈
統一大廈A座
利廣商業大廈
惠康
廟街
韶興大廈
吳松街
佐敦廣場
佐敦道

西貢街今貌。

瑞香園今貌。

玉器業工商會主席徐福潮在會上說，廣東道玉器市場發展至今已有十多年歷史，共有四百多個玉器攤檔，其中固定的有二百多檔，流動的有百多檔。該處攤檔在管理和衛生方面實行自律的情況下，成為一個國際性玉器市場，蓬勃了香港的旅遊業。（1978年4月7日《大公報》）

擺放地攤有機會要「走鬼」，若因違例擺賣而被警察驅趕，貨物更有機會被充公。有些商販不想受「走鬼」之苦，遂租用街道兩旁的商舖，開始部署「上樓」，沿建築物衝上雲霄。自此，陸續有商人進駐兩旁的地舖，玉器店愈開愈多。

當年，街道兩邊的樓宇開始被用作玉石工場或相關用途。

廣東道一帶的路面，已成為銷售玉器的熱點。有玉器商靈機一觸，在廣東道兩旁樓宇的住宅單位開設玉石加工工場，進一步拉動周邊社區轉營。工場的師傅，承繼南來玉石大師的高超手藝，包括選石眼光和知識，懂得選購合適原石進行加工，然後將玉器製成品賣給樓

為求能繼續擺賣不受掃蕩

廣東道玉器市場商販今天將停業進行交涉

玉器業工商會昨開會盼當局容許市場存在

當年玉器業六百多名會員選出代表，就擺賣安排與當局交涉。報道透露了當年業界以自律形式運作，規模不小。

下的零售商。自此之後，不少地攤商販便往這些就近的樓上工場入貨，再直接送往街上轉售圖利。

以玉為主題的獨特社區經濟範式

此外，廣東道一帶亦吸引一些從外國來港的「過江龍」，在此集中採購玉石和玉器，再運往其他國家出售。以現代概念解釋，在同一地區內，並行發展了B2B（Business to Business）、B2C（Business to Consumer）經營模式，成就了以玉為主題的獨特社區經濟範式。

久而久之，廣東道便孕育出玉產業「一條龍」，成為結集玉石原料採購、加工、批發及零售等，集多功能於一身的社區。稱呼這裏為「玉器街」，並無不妥。在通訊技術未發達、交通配套未完善的年代，「一條龍」的區域性產業，不僅可將玉業界人士集中並團

今天，玉器街地舖和樓上單位，也保留了與玉相關的產業。

結起來，亦方便來自其他地區及國家的人，集中在此進行貿易，達至最佳經濟效益。

玉石的原產地主要是緬甸、泰國、越南等地，雖然該等地區有大量玉石出產，但是由於他們對玉石的喜愛並不如中國人的熱烈，所以對玉石的雕塑鑲配的技藝，遠不及中國歷來的精緻，近代這種雕塑鑲造的技巧更成為香港驕人之作，每年玉器飾物輸出數額甚鉅。

由於緬、泰等地並無玉石製成品，每以在每年二月間即以其開採所得，供國際人士前往以投票方式購買，港商人前往購買者尤多，由於經驗與眼光獨到，總較日本及歐美國家的買手「檢到正貨」。（1980年3月8日《香港工商日報》）

香港沒有先天條件，玉業都是在偶然下開始發展。隨着內地政治局勢轉變，本港剎那間雲集了一批北方頂尖雕玉高手。加上本港商販的營運智慧，合力把廣東道一帶轉營，雕琢成國際玉貿易中心，把原本只為滿足居民及漁民的本土市場，發展成玉石製成品出口地，一登龍門。

1972年美國總統尼克遜（Richard Nixon）訪華，牽起西方一片「中國熱」。香港擔當內地市場窗口角色，轉口貿易自然吃香，扶助香港玉業在短時間衝上雲霄，成為其中一項重要出口、轉口工業。

可是，當「餅」被造大了，便開始出現問題，並受到官方關注。

指民間難自律管理，政府主動介入

四百餘攤檔　香港一特色

廣東道玉器市場突遭掃蕩

兩日來百多檔玉器被運走商販感徬徨

玉器業工商會為尋求解決辦法今與有關方面會商

【本報記者何楚明報道】玉器業工商會主席徐福潮昨日對本報記者說，全港唯一玉器公開批發及零沽集中地——廣東道玉器市場，近日突遭當局派警員干預正常買賣，並拘控玉器商販，致令千多名玉器商販惶恐徬徨，該會已定今日下午將與有關方面舉行會議，尋求解決辦法。據估計，這個傳統的玉器擺賣市場共有四百多個玉器攤檔，千多人在該處推銷玉器，其擺賣的玉器總值達數千萬元之巨。

徐福潮說，早在十年前，他們已在廣東道一帶擺賣玉器。一九七一、七二年間，販賣玉器攤檔增加，而油麻地警署和民政署也同意由他們自律，沒有橫加干涉。他說，廣東道玉器市場在管理和衛生實行自律的情況下，現時每個交易日都吸引了大批珠寶行、金行的老闆和外地來的珠寶批發商。外商來自新加坡、泰國、日本、台灣、西歐和美國，加上各地遊客也要集該處，久而久之，廣東道玉器市場遂形成國際性的玉器市場，並且也是香港的一個特色。

廣東道玉器市場當年遭到政府掃盪，雙方關係一度緊張。

由於商販人數愈來愈多，車水馬龍，依靠自律管理，難免產生問題，對附近居民造成不便，例如產生嘈音、污染環境及人車爭路等。政府以此為由，計劃為商販另覓地方進行貿易。不過，當時不少人對政府的建議持反對意見，認為會破壞玉器街的發展。當時的玉器商會認為，玉器街已是香港重要的旅遊景點，不應輕言改變。

（玉器業工商會主席）徐福潮說，早在十年前，他們已在廣東道一帶擺賣玉器。一九七一、七二年間，販賣玉器攤檔增加，而油麻地警署和民政署也同意由他們自律，沒有橫加干涉。他說，廣東道玉器市場在管理和衛生實行自律的情況下，現時每個交易日都吸引了大批珠寶行、金行的老闆和外地來的珠寶批發商。外商來自新加坡、泰國、日本、台灣、西歐和美國，加上各地遊客也雲集該處，久而久之，廣東道玉器市場遂形成國際性的玉器市場，並且也是香港的一個特色。（1978年4月6日《大公報》）

雖然不少商販反對搬遷，但政府還是認為商販太多，會引起很多問題，於是，決定在原玉器街附近，覓地興建新的市集。

港九市政署助理署長（西九龍）伍漢榮在交給玉器業工商會的覆函中稱，據市政總署所提供的資料，在佐敦道及西貢街的一段廣東道行人道上，目前約有小販四百人，主要經營玉石生意。該等小販對該區商店和居民造成相當妨礙，行人迫得冒險走上馬路。於該段行人道上原地重新整頓此為數眾多的小販，勢必嚴重影響該區的一帶環境。

……

玉器業工商會主席徐福潮又說，他們反對遷往江蘇街的加士居道天橋下及計劃中的江蘇街休憩花園部分的主要原因是：一、該處沒有上蓋，而且左右兩旁為垃圾房，環境甚差，旅遊人士及顧客會望而止步；二、新址無玉器貯存室，攜帶大量玉及金錢往返，安全有問題；三、廣東道玉器市場已有二十多年歷史，一旦遷離，將難以維持其特色，生意亦大受影響。

……

他表示，據該會的統計，該區玉器小販共有二百二十七個固定

檔位和九十六個流動檔位，攤位數目多年來沒有增加。（1983年8月26日《大公報》）

廣東道玉器市場搬遷問題

市署函覆決意重整

玉器商販反對搬遷

徐福潮稱將繼續為攤販爭取在原地擺賣

甘肅街新玉器市場

申請分上下午經營

市政局研究後拒絕

（特訊）佐敦道甘肅街新玉器市場，可容納四百一十個攤位，與該區玉器小販人數比較，實有足夠地方容納，故拒絕接納該市場分上下午兩段營業時間的建議。

街市及販商事務委員會主席岑才生於答覆黃夢花議員詢問時，作上述透露。

玉器業工商會要求詢，當廣東道玉器小販重整及遷入甘肅街玉器市場時，可分為上下午兩段營業時間，以便容納更多小販。

岑氏解釋不予接納該項建議時指出，市局經過詳細研究後，認為不可能實施。

他說：相信目前在廣東道擺賣的玉器小販，雖然部份並非全日營業，可是大部份均全日上下午經營，倘接納是項建議，則同一地點將有兩類小販存在，一類全日經營，另一類則部份時間營業。（家）

起初商販極力爭取在原地擺賣。

商販本來想爭取在同一空間，分上、下午時段經營，以容納更多商販。

政府建新市集，極力推行發牌制度

縱然，建議興建市集的新地點仍有缺點，但似乎能有效管理商販。商販不但有固定位置經營，更可獲得牌照，故此逐漸有人改觀，覺得搬遷是一件好事。只是原有的「一條龍」式社區產業結構，難免遭受衝擊。

三處地點分別位於甘肅街、加士居道天橋下的兩幅空地上，共可容納四百個玉器小販，而每個檔位的面積是一點零八平方米，原在廣東道擺賣而又符合資格的小販，在未遷往市政大廈之前，可獲

固定檔牌照。（1983年6月10日《大公報》）

事實上，商販為了有固定地方可以繼續做生意，到了最後，幾乎全數同意遷到新的地方，大部分都參加了官方的配位抽籤活動。

油麻地新玉器市場小販配位抽籤

……

港九市政署共邀請三百六十五名合乎資格小販參加抽籤，只有十名沒有出席

……

是次抽籤在界限街室內運動場進行。（1984年3月8日《香港工商日報》）

1984年，原本在廣東道的地攤，正式搬入油麻地甘肅街臨時玉器市場。當時的玉器市場很簡陋，連上蓋也沒有，商販只是露天營業。於是，無論是晴天或雨天，商販都會舉起大雨傘。市場內沒有配套，只好坐在小椅子上進行買賣。

原廣東道玉器小販
下週遷入玉器市場
昨日抽籤配位並領得臨時牌照

【本報訊】三百六十五名原來在廣東道街頭玉器市場擺賣的小販，經港九市政署人員初步甄選及格後，昨日參加油蔴地新玉器市場配位抽籤，領得臨時牌照。

這批小販將於本月十二日起遷進位於新填地街與甘肅街交界的新玉器市場營業，由同日起，繼續在廣東道一帶街頭隨便擺賣的小販，將會被港九市政署及警方人員干涉。

獲得配位的小販在新市場經營的時間規定為每日上午九時至下午四時。

據油蔴地區議員陳勝業表示，市政署亦正考慮另外三十七份重新編配的申請。

他又說，昨日已抽籤獲發臨時牌照的玉器小販，將會被進一步調查，估計要在本月二十三日以後始能決定何時起可發出正式牌照。

昨日的抽籤在界限街室內運動場舉行。

政府推出牌照制度，某程度上主導了日後市場的發展。

離開了興旺的廣東道玉天地，有商販雕琢自己，發展嶄新的營運模式。有人構想，在個體攤檔中發展「一條龍」服務。

當時，並不是所有商販都是全日販賣玉器的。有些商販本身是玉石雕刻師傅，便專營午後生意。上午雕刻，下午賣貨，兼任加工和銷售。當時，上下午時分客源不同，上午客人主要是大舖戶和遊客，下午客人則以推車小販為主。中午的一段時間由於天氣較熱，許多商販索性小休，不營業。

玉器市場落成後不久，業界便建議集資加建上蓋，發展一波三折。期間，商販又要再次暫時遷到其他地方經營。不過修建後營運環境大大改善，變成今天的模樣。

多位油蔴地區議員表示不滿

收回玉器市場部份土地

市局批准撥三百萬建玉器市場上蓋

一幅擺賣土地七年卻須交回政府

玉器市場用地不收回休憩用地則減

■ 就興建上蓋事宜，獲市政局撥款近三百萬元。

市政局街市販商委員會經已批准撥出二百九十七萬，在甘肅街天橋底玉市場興建上蓋

……

雖然玉器市場現址可使用年期不長，但由於受到日曬雨淋之苦，故促請當局批准興建上蓋，同時，每名檔主同意支付不超過一千五百元作興建上蓋費用。（1985年12月27日《華僑日報》）

在油麻地甘肅街興建一個有蓋市場的工程。該市場佔地一千八百五十平方米，用鋼鐵架搭成，設有四百六十個玉器檔。工程還包括興建兩個電掣房、兩個泵房

……

建築工程將於四月展開，明年四月完竣。（1988年2月8日《華僑日報》）

為方便進行工程，三百三十七名小販已暫時遷入位於附近的上海街，街市街遊樂場的籃球場，每日營業時間為上午九時至下午四時。（1988年11月8日《華僑日報》）

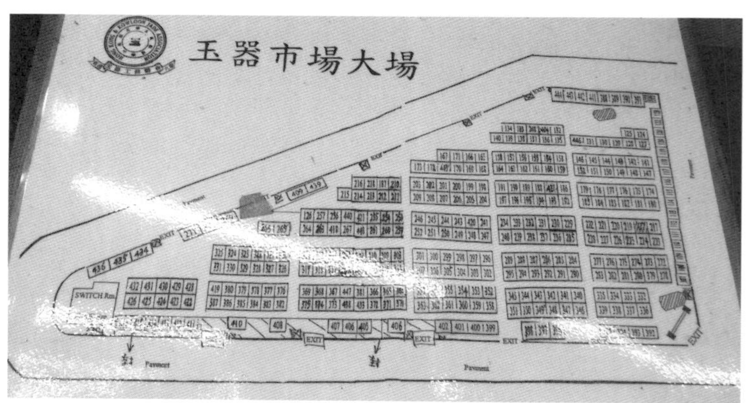

甘肅街玉器市場平面圖，可見檔子排列整齊。

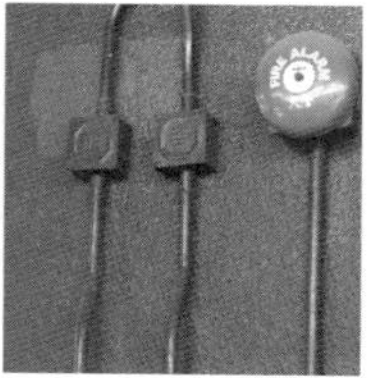

今天，除了電力裝置（左），警鐘（中）、水缸（右）等消防設施也十分完善。

旅遊業起飛，商販業務興旺

八十年代初，政府大力發展旅遊業，入境旅客屢創新高。適逢玉器市場完成加建上蓋工程，被推廣成為香港著名旅遊景點之一，

油蔴地玉器市場
正加緊興建上蓋
三百多名小販遷附近球場營業

【本報訊】市政局油蔴地加士居道天橋底的甘肅街玉器小販市場加建上蓋的工程，正加緊進行，該項工程耗資逾四百三十萬元。

街市及販商事務委員會主席杜葉錫恩昨日說，為方便進行工程，三百三十七名小販已暫時遷入位於附近的上海街與街市街交界的籃球場，每日營業時間為上午九時至下午四時。

該工程包括興建一個四點五米高的金屬上蓋，設有公共照明設施。

第一期工程快將完成，而首批小販亦將於下月初遷回設有下蓋的市場，繼續營業。

第一期工程完竣後，第二期工程會隨即展開，而其餘的九十九名小販亦會暫時遷入附近的籃球場。

該小販市場佔地共一千八百三十平方米，一直以來是四百三十多名玉器小販販賣的地方。

工程期間，附近一個籃球場被用作臨時市場。

今天，籃球場已被翻新。

吸引大批外地旅客來參觀。面對新轉變，商販又再次調整營運策略，把自己雕琢成旅遊業一員，招呼入境旅客。隨着旅遊業起飛，商販業務蒸蒸日上，生意最興旺的時候，每天有二十至三十輛旅遊巴接載遊客來購買玉器。

今天，市場內還有不少工藝巧手的檔主在營業。

市政局街市及販商事務委員會主席張有興說，該小販市場自一九八四年啟用以來，一直為原來在廣東道街上售賣玉器的小販，提供一

市場舉辦玉器文化藝術推廣月。

個集中而方便的經營地點，解決了附近一帶存在的阻塞通道問題。加建蓋頂後，該個市場現不再受到惡劣天氣的影響，成為一個本地市民及外地遊客均樂意踏足的購物地方。（1990年6月21日《大公報》）

在九十年代，廣東道的玉石原材料和玉器製成品供應量，一度佔全世界百分之八十以上。香港雖然沒有玉石出產，卻有本事成為世界聞名的玉石器集散中心，不少商販都引以為傲。而商販也逐漸意識到只要結集力量，便可為業界爭取更多利益。

■ 吸引大批外地旅客來參觀。

成立商會，爭取正式定名「玉器街」

早於1974年，一批熱心的玉器商人為促進彼此互相協助、團結業界的力量，計劃組成商會，命名為「玉器業工商會」。至2007年，商會更改名稱為「香港玉器商會」（Hong Kong Jade Association）。

2005年，香港玉器商會向政府有關部門申請，將這段富有中國玉器文化特色之廣東道，正式命名為「玉器街」。

■ 市場外寫有不同語言的歡迎字句。

同年，政府部門批准，並在該段行人路上以地磚鋪砌出「玉器街」、「JADE STREET」的中、英文字樣。商會的辦公室亦設立於玉器街，地址是：香港九龍廣東道513號玉器交易廣場9樓D室。

2009年，商會更斥資從緬甸購入重達近四噸、高數尺的大型天然原玉石，「鎮守」廣東道與佐敦道交界的行人路上，作為玉器街地標。這塊原玉石，據說估值高達十五億元，由玉器商會眾會員合力捐出。希望透過這巨玉地標，吸引更多遊客認識香港的玉器街及傳統玉石工藝文化，具體地把本土玉器的光彩，放射到世界各地。

■ 廣東道玉器街上的巨石價值連城。

除了大型巨玉地標外，還有不少展板介紹玉器街歷史，藉以向旅客講述玉器製造過程。在玉器街大型玉石地標旁，有一塊紀念牌這樣介紹：

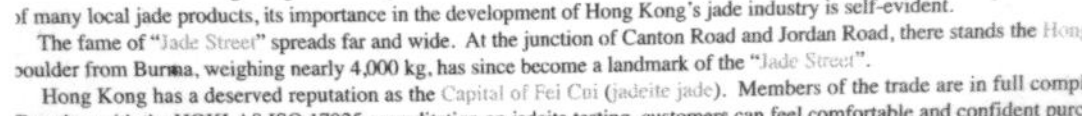
of many local jade products, its importance in the development of Hong Kong's jade industry is self-evident.
The fame of "Jade Street" spreads far and wide. At the junction of Canton Road and Jordan Road, there stands the Hong
boulder from Burma, weighing nearly 4,000 kg, has since become a landmark of the "Jade Street".

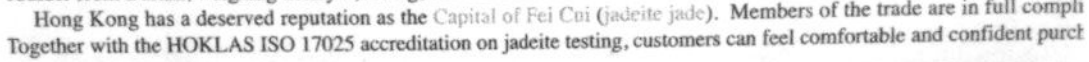
Hong Kong has a deserved reputation as the Capital of Fei Cui (jadeite jade). Members of the trade are in full compli
Together with the HOKLAS ISO 17025 accreditation on jadeite testing, customers can feel comfortable and confident purch

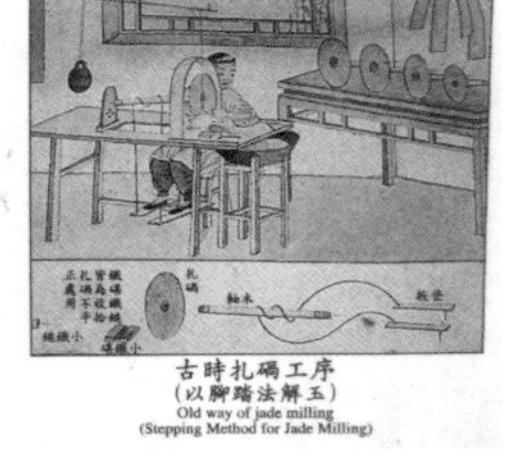

■ 玉器街上的各式展板。

玉石質地溫潤，色澤柔麗。古人佩玉以示德養地位，民間亦以玉為辟邪祥物，玉之為寶，古今同珍。

香港是世界主要的玉器集散地。本港玉器業發展之初，集中在舊油麻地避風塘、上海街及新填地街一帶，當時的顧客多為航海商人及漁民，因海途險阻，故此隨身佩玉，祈求一帆風順，沿途平安。

上世紀五十年代初期，內地不少玉器作坊師傅南遷香港，在佐敦道與廣東道（至甘肅街一段）聚居，經營故業。這批巧匠帶來精湛的車玉加工技術，為本港玉器業蓬勃發展奠定穩固的基礎。

一九七二年美國尼克遜總統訪華，全球掀起一片「中國熱」。香港玉器業乘時而起，產品除供應本地市場外，更行銷東南亞，遠及歐美各地。廣東道在七十年代全盛期，有過百家玉器店，玉器小販沿街擺賣，非常熱鬧，玉器街之名不脛而走。

為安置玉器街的攤販，當局於一九八四年設立甘肅街玉器市場，讓攤販遷入經營。玉器市場現有約四百個攤位，售賣各類玉石、寶石及首飾工藝品，款式繁多，琳瑯滿目，價錢豐儉由人。

在九十年代後期，香港成為全球一大玉器生產地及貿易中心，銷量位居世界前列。本地產銷的玉器大部分來自廣東道玉器街，玉器街在香港玉器業發展史上的重要地位，不言而喻。

廣東道玉器街之名，聲聞遐邇。在二零一零年，香港玉器商會於廣東道與佐敦道交界豎立一塊重約四千公斤的天然緬甸玉石，名為「香港大玉石」。這塊大玉石形巨質堅，已成為玉器街的地標。

香港素有「翡翠之都」的美譽，業界恪守「天然翡翠」的商品說明條例，並採用HOKLAS（香港實驗所認可計劃）ISO 17025標準進行翡翠檢測，顧客在香港購買翡翠玉器，可保稱心滿意。

■ 玉器市場曾經是整個社區的核心。

偏安西九龍走廊天橋下

玉器街在本港發展了半世紀，經從業員努力雕琢成為大器；期間，亦為本港玉業培育不少人才，為我們創造了不少心愛器物。

雖然大部分地攤商販已遷到玉市場，不及昔日般人流如鯽、貨如輪轉，但廣東道這段路，地理上和甘肅街連接，如今仍是玉器商的集中地，仍有不少商舖在這裏經營。車水馬龍的西九龍走廊行車天橋下，是一片偏安的玉天地。

在市場內細心觀察，你還可以找到更多有趣的東西，只要你願意踏出第一步。

■ 玉器市場位於西九龍走廊行車天橋下。

1.5

甘肅街玉市場「另類奇士」——寫信、報稅伯伯

■ 報稅檔攤和玉器檔攤共處多載。

曾踏足油麻地甘肅街玉器市場的人，或許會感到奇怪，為什麼市場內會有一些與玉器無關的代客報稅檔攤呢？莫非這裏賣玉的人，需要有人代勞才可以報稅？其實，報稅檔攤與玉器市場融合一體，是有特別的原因。

油麻地雲南里曾是一條「書信街」，大概就是今日窩打老道8號新式住宅的所在地。雖然代客寫信的檔主學歷未必很高，但他們的中英文能力相對佳，又能寫一手好字。當時市民教育水平不高，由他們代寫家書是不錯的選擇。當年有不少檔攤代客寫信，最高峰時期多達數十檔。

為何代客寫信檔攤偏偏集中在這裏？原因是它鄰近郵局。客人找檔主寫好家書後，就可以順道到郵局寄信回鄉了。當時郵局的位置，就是已列入歷史建築的「紅磚屋」。現在，已活化成油麻地戲院的辦公室。

隨着時代發展，只替市民代寫家書的寫信伯伯，也不得不重新雕琢自己，把檔攤轉營。尤其是1967年附近的郵局關閉後，

■ 今天，昔日「書信街」一帶已變成新式住宅。

「書信街」在地理上已失去客人寫信後隨即寄信的便利。於是，有檔主陸續轉營為報稅人。

由於代客寫信的人不僅中文好，英文也不錯，於是，他們除了寫信外，部分亦會為客人代填稅單，有時甚至幫忙處理法庭文件。

每份三十元，靠代客填表維生

當時，許多低下階層的市民，不懂得填寫報稅資料，遂往「書信街」找人代勞。當市場有一定需求，代客寫信者順利變身成為專業報稅人。在七十年代，市民普遍識字率不及今天高，資訊又不發達，他們的確幫助不少學術水平低，或不了解法例的市民。每份表格收費大約三十元，當時來說收入是相當可觀。

至1978年，「書信街」一帶需要進行重建，這裏的檔攤亦要遷走，遷往今日油麻地停車場大廈附近的空地。八十年代初，又再搬到剛落成的油麻地甘肅街玉器市場內，與玉器商販成為鄰居。時至今日，寫信的檔攤已成為玉器市場一部分，也是市場內的另類特色行業。

今天，間中仍有熟客光顧

隨着教育普及以及報稅程序日漸簡化，大部分市民報稅已不需要找人代勞。現在，玉器市場內還約有七個報稅檔攤繼續營業，但相對昔日業務暢旺的場面，生意顯得淡靜得多。雖然如此，間中仍有不少光顧多年的熟客，專程來這裏找伯伯幫忙代填稅表。

現在，這個行業已踏入夕陽階段，沒有新人願意入行，似乎比玉業褪色得更迅速。或許在不久的將來，代客報稅這個行業會在無聲無色中消失。

■ 今天，檔子仍保留了當年用的打字機和其他電器。

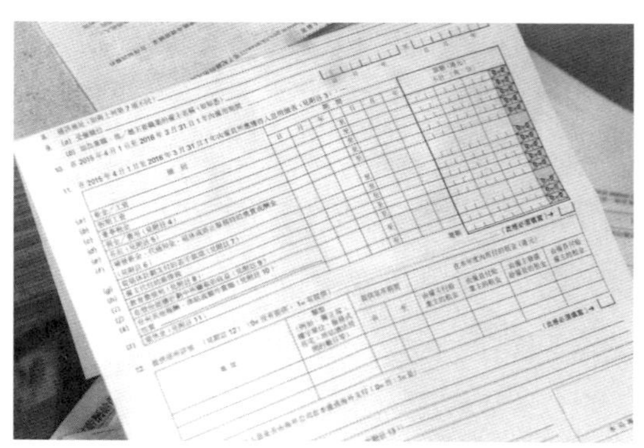

■ 檔攤的玻璃櫃裏擺放了空白的報稅表。

1.6

深水埗寶藏——電路板夾縫藏美玉

一般人以為，鴨寮街主要出售新舊電子零件和產品，充滿鐵鏽味，似乎玉是街上的另類特色貨品。但原來深水埗玉業也有段故。

或許可在地攤找到寶貝。

深水埗曾經是甘肅街以外，另一個本地玉商販的集中地，不少人喜歡在鴨寮街一帶經營，但貨品、客路和銷售模式，就和甘肅街大為不同。時至

■ 指示往玉石市場的路牌。

今日，仍有一些滿身掛滿玉的小販，在深水埗的街頭販賣玉，成為當地富有特色的流動小販。在張君默《玉藝》一書中，亦有所提及：

在香港，常見一些流動玉器小販，把玉器全都掛在身上，兩個衣襟一拉開，可真琳瑯滿目。不過，他們賣的多半是低價翠玉玉器，賣古玉的就不會如此掛在衣襟內，多見的是掛在腰帶的外面與掛在胸前。他們的身體便是一個攤子，要是看你是有識的行家，也出得起錢，便會從領口或者腰間的褲子內掏出好東西來。他們身上，等閒也帶得有一百幾十件器物，姑勿論是真是假，也夠你駐足看上半天。

■ 鴨寮街一帶的地攤商販。

除了「人肉流動攤子」外，鴨寮街仍有不少「綠箱子」，它們是出售玉的小販排檔。此外，還有些小販在鴨寮街一帶擺地攤，主要集中在鴨寮街近西九龍中心方向一帶。

深水埗有販賣玉的商販出沒，其實不足為奇。事實上，鴨寮街一帶本來就是小販擺賣玉的地方，只是十多年前深水埗玉石市場成立後，大部分商販轉移到新的地點經營而已。

■ 玉石市場外的有趣玉器圖案。

2005年，在深水埗區議會促成下，成立了深水埗玉石市場，讓小販可以在指定區域營業，以改善在深水埗街頭經營地攤的情況。場內設有百多個檔位，為小販及愛好者，提供一個既舒適又方便的交易平台。

這個市場，位於深水埗通州街269號的第六及第七座，是通州街臨時街市的一部分。若相比甘肅街，它的面積不算太大，但也是深水埗買賣玉的新旅遊景點。

位置偏僻未能吸客，反成露宿者居所

然而，可能市場位置較偏僻，一直被批評人流少，未能吸引顧客。因此，至今大部分檔主已沒有經營，場面較冷清；有些檔主索性把檔位當作貨倉，甚至長時間沒開業經營。由於營商環境一般，加上有些露宿者在玉石市場外，以紙皮、木板等物料搭建臨時居所，令環境變差。

市區重建局早就啟動三個相連的項目，企圖為深水埗進行大規模雕琢，藉以改善深水埗區六百八十戶家庭的居住環境，以及建造以玉為主題的小型廣場——「玉翠坊」。這三個重建項目，分別位於深水埗海壇街、桂林街及北河街。

這項重建工程名為「海壇街／桂林街及北河街發展計劃項目」，於2006年2月展開，預計落成日期為2017至2018年。在市區重建局的網站內這樣介紹：

在未來發展的主要地盤內，包含一條兩旁商舖林立的內街，連接地面公共休憩空間及街道網絡。該構思不但能為現時通州街玉石市場提供一個較聚腳及方便遊人的前庭廣場，互利互惠且增加社區使用，亦更能塑造成充滿地區歷史特色的園林設計，以彰顯當區早期包括通州街渡輪碼頭（於1990年代西九龍走廊建成以前）的獨有歷史。

按1927年北河街舊照重建

市建局向城市規劃委員會提出規劃申請，重建計劃的地盤面積約共八萬平方呎，共涉及三十七幢戰後住宅樓宇，是2002年以來，市建局在深水埗區自行推動或與香港房屋協會合作推行的重建項目之中最大型的一個。

海壇街／桂林街及北河街發展計劃項目。（市區重建局圖片）

其中一項最富有特色的工程是「玉翠坊」，在現時玉石市場及項目地盤，近北河街的一段路面，建造一個以玉為主題的小型廣場，企圖重新提升區內玉市場的潛在價值。市區重建局對「玉翠坊」的構思，是源自一幅1927年北河街舊照。

在構思中，小型廣場以鑑賞玉和教育作為設計主調，相信除了為社區提供有特色的公共活動空間外，更會吸引區外人士前來光顧。

玉石路，如何走下去？

甘肅街玉器市場和深水埗玉石市場，原來也分別位於西九龍走廊橋底不同路段之下。西九龍走廊，曾經是連結新界和九龍的主要幹道。但隨着西九龍公路落成，不少車輛都改行新路，以每小時一百公里往返新界和九龍，逐漸取代西九龍走廊的重要性。

城市發展急速，將來究竟會變成怎麼樣子？玉石路，會如何走下去？各位要拭目以待了。

無獨有偶，深水埗玉石市場也位於西九龍走廊橋底之下。

1.7

父子・新舊・玉石路

擦亮眼睛看看，發覺無論是油麻地或深水埗，都是陳舊的景象。玉，也予人一種傳統、落後的感覺，追趕不及時代。似乎買玉時，也很難遇上年輕人。

買玉和賣玉，都要靠經驗，是累積而成的；同樣，雕玉也是靠經驗。精緻的作品，一定是出自老師傅的熟練手藝。這個想法，應該沒有人會否定。

當顧客走進玉器店，由年輕店主介紹玉器，總比不上，店主親自說明般感覺良好。有貌似經驗豐富的老店主坐鎮，就像武俠小說中的掌門人一樣，邊說邊摸摸下巴的鬍子，大大加強了店子的威信和說服力。

逛過深水埗後走到長沙灣，發現有兩間玉器店，分別由兩父子打理：父親主要賣傳統款式的玉器，兼自製特別的款式；兒子則將傳統玉器重新包裝，嘗試打破玉是傳統物件的觀念。兩間店，各有各做，又是互相合作，在不同時空成就了父子檔。

恒裕玉器──四十年雕玉「老薑」

香港有不少舊區都有露天市集，其中有些攤檔是賣玉器的。這些小店並不起眼，大概只做街坊生意，但只要細心觀察，隨時會在小店中找到隱世高人。位於長沙灣永隆街市集的恒裕玉器，老闆談洲生師傅從事了玉器行業四十多年，雕玉經驗豐富。

■ 恒裕玉器談師傅和太太合力擺檔。

舊日香港流行學徒制，要拜師才能學藝。談師傅就是「紅褲子」出身，後來晉身成為雕玉師傅。談師傅十三歲時居住在石硤尾舊區，被父母帶「上山」，往雕玉師傅家拜師學藝寄宿，開始了艱苦的雕玉生涯，成為終身職業。我看看他的雙手，滿滿是疤痕，佈滿「雕花」痕迹。

■ 檔子細小，但選擇不少。

談師傅完成三年半學師生涯後，便跟隨師兄學「下山」做生意，親自揀玉、雕玉，再賣給行家。現在，他與太太繼續以夫妻檔「雙劍合璧」經營玉器檔口，售賣自家製的玉器，早上開檔賣玉，下午在家中雕玉。

■ 小玉舍主人談浩然。

小玉舍——玉器新丁

小玉舍（Little Jadeite），是一間位於商業大廈內的小店，面積不大，既是工作室，又是賣玉的店舖，也是與顧客交流玉石心得的平台。

我首次到訪小玉舍時，剛巧又遇上「老薑」爸爸，以及他的兒子——小玉舍主人談浩然。我沒有道明來意，純粹參觀由小玉舍製造的玉石潮物，但父子二人仍主動為我講解玉器款式，及設計新款玉器的方法等。我看出，兩父子對玉器有着同一份堅持與執著。

兒子浩然創立小玉舍，希望多些年輕人認識玉，一改玉器的土氣形象。他特地選用銅和玉石作為配搭，以相對嶄新的物料配合玉的特性，希望兩者共舞後能擦出火花，吸引年輕一輩愛上玉。

一代傳一代的師徒制

玉業行師徒制，一代傳一代。父親從事玉業數十年，早年也曾經收過徒弟，但對方怕辛苦，最後還是放棄了。許多人在學滿師後，自立門戶「行走江湖」的情況也很普遍。師傅招收徒弟，一般還是以家人、親人為主。

現在，就算要跟談師傅學手藝也不易，畢竟他已沒有收徒弟了。香港本來玉石工匠人數不多，現在就連昔日的師徒制也開始消逝，要培訓玉石工匠接班人，似乎還是要看緣分。

■ 談師傅手藝相當精湛，設計工作便交給兒子。

外人要入行，就連門徑也不易找到，兒子浩然入行，也感到有點困難。浩然爸爸是師傅，入行當然算是有點便利。對於靠經驗、手藝的玉業來說，子承父業是很平常的事，就像武俠小說中的高手，晚年總渴望子女能繼承其一身好武藝。父子相傳，是理所當然，高手總要找接班人。

浩然很想學習較高深的玉石雕刻技術，但玉石車牀只有一張，要配合父子的時間，又不妨礙彼此的工作，其實也不容易。故此，大家分工合作，一個動腦、主力設計；一個動手，主力製作，合力催生新一代玉石潮物。或許，父子因而領悟出一套絕世功法。

三百六十度轉動的玉瑕潮物戒指

浩然多花心思在設計上，設計了多款玉器，其中一款是可三百六十度轉動的玉瑕戒指。這個戒指有一個名稱，叫「觸玉」（Play Jade）。

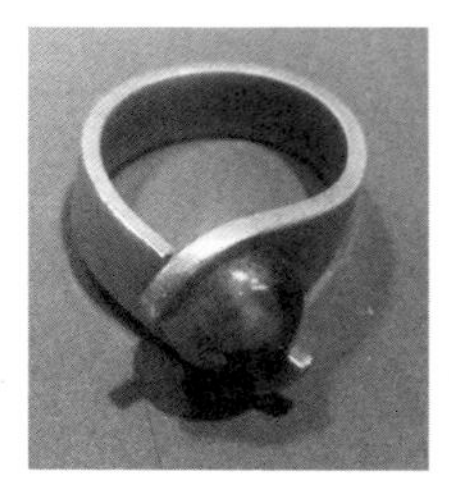

■「觸玉」製成品。

「觸玉」原本是項鍊吊墜設計，並不是現在所看到的戒指模樣。經過多次嘗試，浩然仍對吊墜樣式不滿意，正當他研究怎樣改良時，意外發現當中原來有個虛位，可以變成戒指。套入手指後，玉珠可以自由轉動，心生一計，索性將吊墜改成戒指。玉珠靈活轉動時，不同表面可平均吸收皮膚油份，愈戴愈圓潤和光滑。

這戒指是全人手製造，過程相當繁複和費時。首先，由父親將玉打磨成圓珠狀。由於玉珠體積很小，用手將玉打磨得圓滑十分花時間，需要具備精湛的手藝。在小玉舍內，擺放了不少玉珠讓顧客揀選，全都是父親的心血。當顧客選好心儀的玉珠後，便可製作銅片。浩然的任務，就是將銅片製作成戒指狀，打磨好以後，將玉珠鑲入戒指內成為「觸玉」。

雖然，未至於要用十年磨一劍，但未計算父親打磨玉珠的時間，單是浩然的工作部分，也得用上半天時間。因此，一天能製造的「觸玉」數量十分有限，暫時未能大量生產，要訂製也隨時要排隊等一個月。這便是傳統手作工藝珍貴之處，買家和賣家都需接受時間考驗。

擺書節年宵、開Facebook吸納粉絲

「觸玉」並非獨一的鎮店之寶，若顧客想要有特別的設計，也可以跟浩然商談。一來，玉器設計自古以來就是多樣化，不必一模

一樣；二來，設計也要符合顧客的要求，讓他們感到滿意。傳統以來，師傅一般按原石外形構思款式；但在新時代，設計意念很多時來自客人。

父親經營的玉器店是街檔，舖面設計和兒子當然很不同。街檔只有一張摺檯和陳列玉器的小箱，簡單得來也很方便。而兒子選擇在商業大廈內開店，提供空間給客人逗留、傾談，自然反映不同願景。

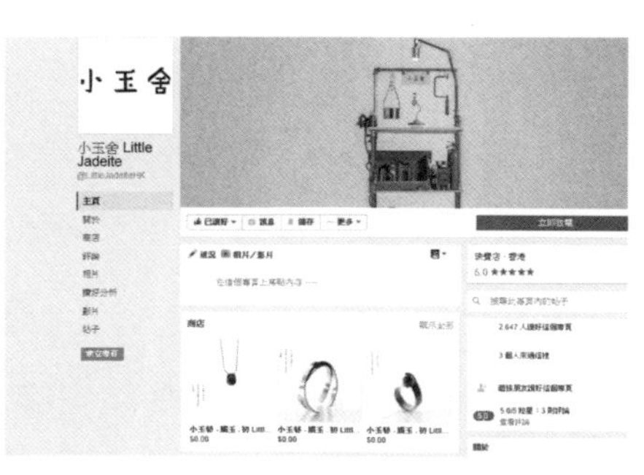

■ 談浩然借助Facebook和客人溝通。

為了接觸顧客，浩然有時也會離開商業大廈，推着自己設計的工藝車去「闖蕩江湖」，到市集跟市民見面，如九龍城書節、黃大仙年宵市場等，在不同地方推廣新式玉器。當然，也會利用網上平台，如在Facebook開設專頁進行推廣。這些新派的銷售方式，與傳統賣玉店舖的行銷模式，已經有明顯分別。

年輕人願繼承，港玉業有望再與天比高

玉業青黃不接的情況很普遍，不少檔口的原檔主，退休後已無人接手，不是所有「玉二代」都願意繼承父業。

父親在街擺檔，工場設在家中，浩然自小浸淫在玉器世界。成

長過程中，有很多機會吸收「玉氣」，不過在年輕歲月，當然不明白這門傳統手藝的價值。後來當父親患病，才勾起對爸爸工作的興趣，嘗試深入認識。

父親專研雕玉，兒子修讀設計，兩者本來屬不同範疇，是不同時代的專業。因着父子的關係，才能巧妙地融合在一起。老師傅的手藝配搭年輕人的新鮮意念，令玉業不斷革新，爆發更多新奇有趣的款式。

有新一代的師傅，自然有新一代的客人。傳統玉器造型離不開神佛、生肖，年輕人一般不會喜歡，但如果造型唯妙唯肖、模擬度高和有趣，或許能吸引新一代客人購買。

古代有十二生肖，今天便有一百五十一隻寵物小精靈（Pokemon）。每個時代，都有各自流行的東西。玉器背後隱藏時代意念和符號，也絕非一成不變，而是不斷按潮流推陳出新。

玉世界，將來也是屬於今天的年輕人。

恒裕玉器（Hang Yue Jadeware）
地址：長沙灣永隆街檔口

小玉舍（Little Jadeite）
地址：長沙灣東京街恒邦商業大廈8樓801室

第二部【玉不琢不成器】

起行！年輕人潮遊玉市場

玉市場像個有魔法的神秘結界，收藏着老人家的秘密……年輕人脫下長輩送贈的玉器後，彷彿失去了入場的信物憑據，不踏足半步，自此與玉世界隔絕。

琳瑯滿目的玉器、工藝出眾的師傅、能言善道的檔主，還有來自五湖四海的遊客。其實，內裏是個大千世界，考眼光、比口才、鬥智慧。遊玉市場並無限制，就有如在外國旅行時所逛遊的市集。

年輕人，誠意邀請你。準備好了嗎？

2.1

「玉器，你有戴過嗎？」

出發前，先作好準備。

2016年初，用問卷訪問了約五十位中學生，發現大部分青少年都有佩戴過玉器，結果如下。

原來，很多年輕人對玉器一無所知，甚至不知道曾佩戴過的是否屬於A貨。事實上，許多人都不知道怎樣分辨真偽，覺得只是一般飾物，根本從沒有想過要研究它是否A貨呢？

1. 你喜歡玉器嗎？

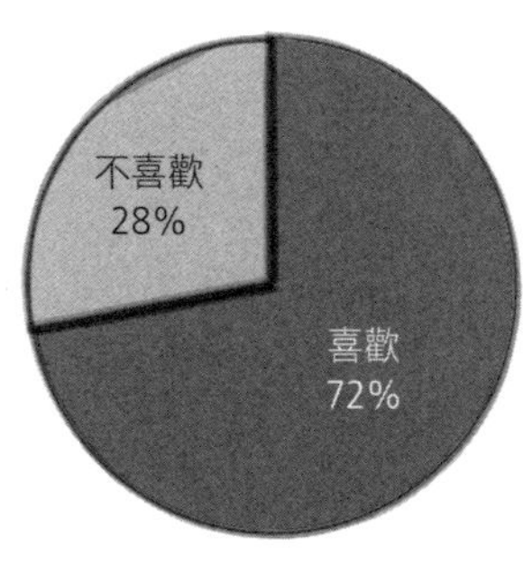

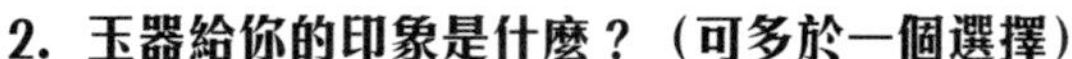

2. 玉器給你的印象是什麼？（可多於一個選擇）

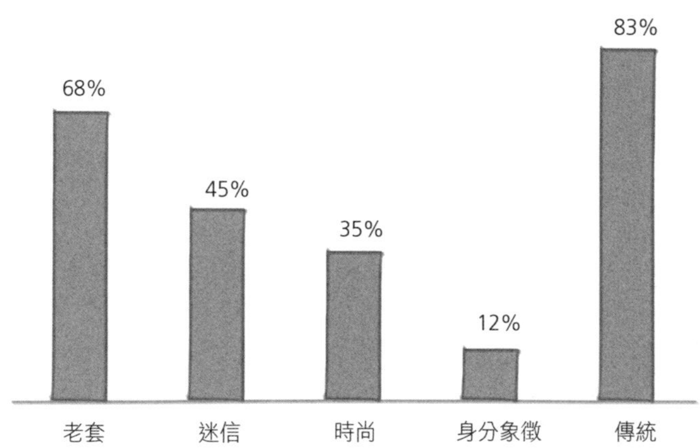

3. 你認為，年輕人喜歡佩戴玉器嗎？

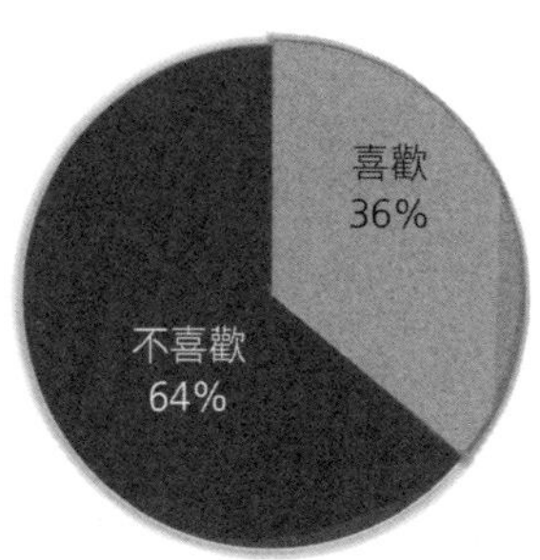

4. 在你的印象中，年輕人會佩戴的玉器是什麼類型？（可多於一個選擇）

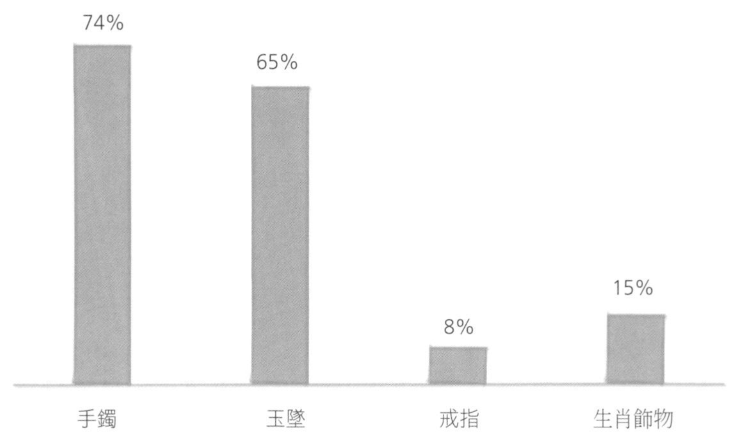

5. 你認識下列哪個玉器市場？（可多於一個選擇）

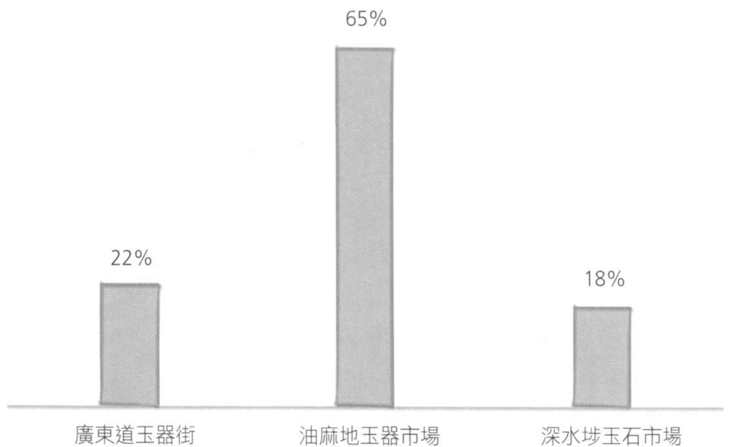

6. 你有否佩戴過玉器？

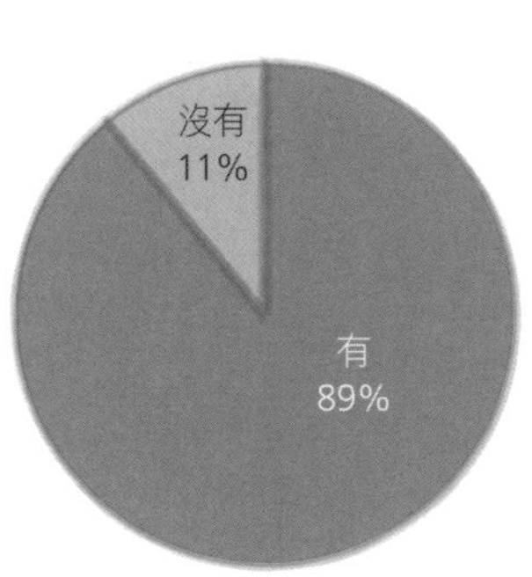

7. 你佩戴玉器有多少時間？

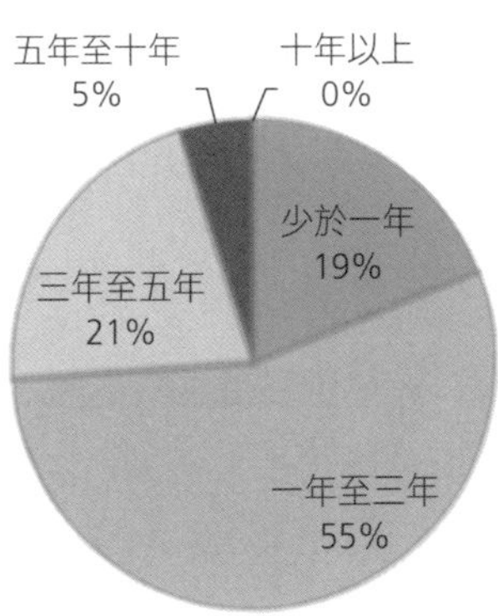

8. 直至現在，你擁有多少件玉器？

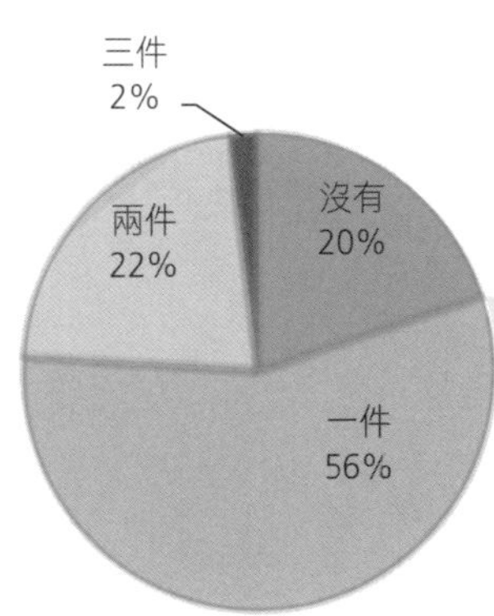

9. 你第一次佩戴玉器是什麼時候？

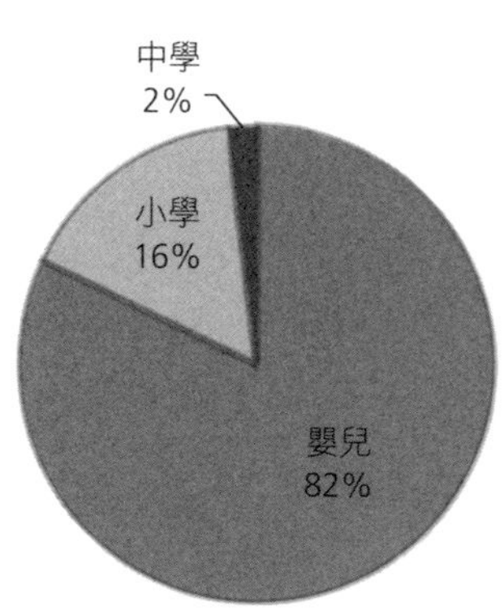

10. 這件玉器是誰給你的？

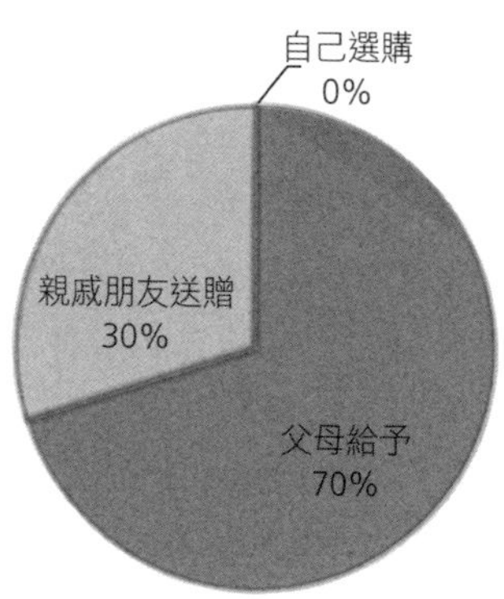

11. 你沒有佩戴過玉器的原因是什麼？

（受訪者個別解說）

2.2

報告！年輕人與玉器大搜查

【調查報告分析】

1. 你喜歡玉器嗎？——大多數印象不太差。

大部分受訪青少年都表示喜歡玉器（72%），至少對玉器印象不太差。不過，他們對玉器的理解只局限於一般較大眾化的飾物，似乎對玉文化認識不深。部分表示不喜歡玉的受訪者說，一直從沒戴過玉器，甚至根本不知道是什麼東西。

2. 玉器給你的印象是什麼？——多數認為是傳統、老套。

大部分受訪者認為玉器是傳統（83%）和老套（68%）。這結果並不讓人意外，的確在許多年輕人眼中，玉器是舊式的東西，與潮流扯不上關係。但縱使覺得玉器是傳統和老套，卻並不反感。

另外，45%年輕人認為玉器帶有迷信色彩。最少人選擇的，分別是時尚（35%）和身分象徵（12%）。他們普遍認為玉器不是潮物，亦與身分象徵無關。不過，亦有少數受訪者相信，佩戴貴重玉器可突顯個人地位。

3. 你認為，年輕人喜歡佩戴玉器嗎？——覺得喜歡的人，多因小時候佩戴過。

超過半數受訪者認為，年輕人不喜歡佩戴玉器（64%）。他們當中，很多根本從未戴過玉器，而所認識的人之中，亦沒有佩戴的習慣。

只有三成多受訪者，認為年輕人喜歡玉器，原因是自己小時候都有佩戴玉器的習慣，所以覺得很平常，當玉器是一般飾物。

4. 在你的印象中，年輕人會佩戴的玉器是什麼類型？——最多是手鐲和玉墜。

由於大部分年輕人對玉器認識不多，覺得是飾物而已。因此，最多受訪者的印象，以手鐲（74%）及玉墜（65%）居多，這些亦是他們曾經或現在擁有的玉器類別。原來，很少年輕人認識生肖飾物，他們普遍認為年輕人是不喜歡佩戴這些類別的（15%），屬老套的東西。

最少人選擇的是戒指，只有8%。他們表示，玉戒指只是老年人才喜歡，一般年輕人不會佩戴。在訪談中，沒有人可準確說出其它類別的玉器。

5. 你認識下列哪個玉器市場？——最多人認識的是油麻地。

香港有三個較大型的玉器市場，都是外地遊客愛到的旅遊景點。不過，似乎大部分年輕人對玉器市場認識很有限，甚至有受訪者表示從沒到訪過，亦不知道香港有這些地方。

青少年對這三個玉器市場的認知程度，依次序是：油麻地玉器市場（65%）；廣東道玉器街（22%），和深水埗玉石市場（18%）。有小部分受訪者表示曾到訪過摩羅上街，知道那是賣舊物品的旅遊景點。但礙於摩羅上街並不是以玉器為主的市集，所以不能列入可供選擇的項目之一。

6. 你有否佩戴過玉器？——大部分都有。

大部分受訪者均表示曾佩戴（89%）。由此可知，香港仍受中國傳統文化所影響，就算他們普遍覺得玉器老套，但也因家人的緣故而接受。至於完全未有接觸過玉器的人，只屬少數（11%）。不曾佩戴玉器的受訪者，將直接跳往第十一題。所以第七至十題的答題人數只有89%。

7. 你佩戴玉器有多少時間？——一年至三年佔多數。

大部分受訪者都曾戴玉器，雖然平均佩戴的時間不長，但亦能清楚指出大概情況。其中，以佩戴一年至三年的人最多，有55%；然後依次是三年至五年，有21%；少於一年的有19%；佩戴五年至十年的有5%。由於受訪者都是十多歲的年輕人，沒有人佩戴超過十年，情況十分合理。

8. 直至現在，你擁有多少件玉器？——多數有一件，放在家中保存。

無論有否仍然佩戴玉器，部分年輕人把曾佩戴過的，放在家中收藏，或交由父母保管。當中，以擁有一件的人最多，有56%；擁有兩件的有22%；擁有三件的只有2%；至於沒擁有過或已經遺失的，則有20%。

9. 你第一次佩戴玉器是什麼時候？——多數是嬰兒時期。

最多年輕人在嬰兒時期首次佩戴玉器，有82%。事實上，直至現在，不少長輩仍喜歡送玉器給嬰兒。對於這件人生首次得到的玉器，有受訪者表示，由於長大後就不能再佩戴，只好當兒時成長玩物般收藏。在小學首次佩戴玉器的有16%；在中學才開始佩戴的只有2%。由此推論，愈長大，反而愈少機會接觸。

10. 這件玉器是誰給你的？——多數由父母送。

這件玉器多數是由父母選購的，佔大多數，有70%；由親戚朋友送贈的，有30%。由於受訪者年輕，加上不懂得自行選購玉器，所以沒有人曾親自選購。

11. 你沒有佩戴過玉器的原因是什麼？——多數不覺得有需要。

沒佩戴過玉器的受訪者指，不曾佩戴沒有什麼特別原因，只是印象中，家人、親人沒有送給他們，亦不覺得有需要佩戴，所以也沒有請家人購買。在訪談過程中，有受訪者明確表示玉器是老套的，但並不抗拒，如果有人送玉器給他們，也會佩戴。

【總結】多數人曾佩戴，有好感但認識不深

總括而言，縱使不少年輕人有佩戴經驗，但因年代久遠，認識又不深，對玉器沒有什麼特別感覺。大概生活在中國社會，就算沒有佩戴過，也不會抗拒玉器。

很多人的首件玉器，都是父母或長輩送給自己的禮物，是親密的信物，有獨特的情感符號。接觸玉，多是源於一份親情。沒有親人送贈，可能一生都無緣接觸。

但當人長大了，認識和尋找玉器，便得靠自己。

2.3

開眼界，初探講價心理戰場

■ 市場內貨品多元化，不少檔主更有高超觀人術。

若然大家小時候曾跟長輩去逛遊玉市場，相信至今還有依稀印象。現在，玉市場是受歡迎的旅遊景點。買玉的人以遊客為主，本地人也有，但不算太多。

對年輕人來說，它似乎和自己無關，沒有動力踏足。其實，它就像外國賣工藝品的市集，很值得年輕人結伴同遊，見識一下，作為具趣味的城市歷奇體驗。

一入場，眼花繚亂

走進市場，看見一個一個的小攤檔，擺滿了各式各樣的玉器，色彩鮮艷，叫人看得眼花繚亂。如果你已有想買的種類，也算易辦。要是漫無目的地走進玉市場，真的不易找到心水貨品。

部分檔主英語流利，能與外國遊人溝通。

市場內的檔主，大部分都很主動招攬生意。到訪的大多數是遊客，從內地來的也有不少。所以，看見我這副華人樣貌，幾乎每個檔主劈頭第一句都會說普通話。他們見我沒回應，就轉用英文，只有少數檔主會用廣東話問：

「想搵咩？」

如果你在他們的檔口前駐足觀看，檔主會馬上向你推介玉器；要是你沒有意識停下來，他們一般都不會用死纏爛打方式叫賣。而檔與檔之間的爭客情況，似乎不多。市場內，似乎潛藏着不成文的規則與運作機制。

檔主的觀人術，異於常人

雖然檔主沒有苦纏顧客，但其實他們很會做生意。由於玉無定價，他們會運用長年累月雕琢出來的異常觀人術，憑觀察，就能一眼看出你是否識玉之人。要是檔主認定你是門外漢，那就隨時會墮進他們的圈套啊！就算他們沒有用B貨冒充A貨，也可能將玉提高到天價，讓你慢慢還價。然而，在幾口價的往還後，檔主也能賺你一大筆。進入場景，你才能感受這討價還價心理戰場的巨大張力！

那天我到玉市場逛，想買一隻玉戒指，即場卻看中了一隻玉鐲。玉鐲有多種顏色，包裝也很精美，驟眼看來，是很名貴的精品。雖然我對玉沒有什麼研究，不過依我判斷，這玉鐲的款式也幾乎可以肯定不會是A貨。檔主見我看着玉鐲，已急不及待為我介紹：

「你想要什麼顏色？」

「紫色吧！」

「這隻顏色很好看，是要送給人的嗎？」

「是的。要多少錢？」

「今天是玉器推廣日，一般是以半價發售的。」

「半價嗎？很便宜啊！」

「你說得沒錯，今天買玉鐲是最便宜的。」

幾句對話，已知你是否識貨

其實，我們交談了幾句，檔主從沒有說這隻玉鐲是A貨，更沒有說明售價，很明顯，檔主就是透過幾句交談，想知道我是不是識玉之人，手法真高明！

「九百八十元吧。」

「九百八十元？」我給這個價錢嚇了一跳。說實話，就算他說一百九十八元，我也不會買；半價之後還要九百八十元，這個天價，高出我心中的價錢好幾倍。

檔主見我放下玉鐲，馬上提出減價：「我再給你優惠價吧！」

「多少錢？」

「七百八十元。」

「還是太貴了。」

「六百八十元吧！」這個價錢已很低了。

我心想：半價發售，再多減兩口價到六百八十元，一下子已減了一千二百八十元，這個減幅也是很不可思議了吧！

「能否再減？」雖然我不會買這隻天價玉鐲，但還是想跟檔主一樣，試探着玉鐲的價錢會否再下調。

「五百八十元，一口價，不能再減了。」

我沒有再還價，頭也不回就走了。

欲向門外漢殺個好價，小心

對檔主來說，見到我這類玉石門外漢來到玉市場，總要殺個好價，反正門外漢多數只會光顧一次，要是連唯一可以大賺的機會也錯過的話，可真是損失慘重了。故此，大家要小心。

事實上，許多遊客來到玉市場，就是想買一款有傳統風格，又能代表香港的物品。玉器，似乎是不錯的選擇。因此，遊客選定了心儀的玉器，而覺得價錢又可以接受的話，只會循例式還價，不會像我一樣，不斷要討價還價，最後還是沒有光顧。

檔主見我沒有意思選購，也不再提出減價了，反正，只要檔主等到一個遊客肯停下腳步，自然能賺一大筆，根本沒必要花時間在我身上，隨時得不償失。

初試以肉眼分辨ABC

我繼續行程，在玉市場內找到一個位置不太便利的攤檔，那裏的玉器售價便宜得多了。檔主將平價的玉器放在一個盒子裏，貼上「十元一個」的價錢牌。如果顧客不介意沒有華麗的包裝，在這種檔攤買玉便宜得多，年輕朋友可留意。

有些檔子，擺放一大堆便宜的玉器。

不過，誰也能猜到：十元有交易的玉石，肯定不會是上等的玉材；也幾乎可以知道，這種也是仿玉器，不是B貨就是C貨了。

我在這個攤檔停下來，檔主看我在揀選最便宜的玉器，也不好意思騷擾我，任由我在這裏找。我挑了一會兒，覺得沒有想要的東西，也就走了。檔主見我要離開，也沒有向我介紹其他玉器，任由我走就是了。我估計，檔主可能嫌賺得不多，也懶得向我介紹了。

玉器市場收藏的秘密

之後，我看到一個攤檔賣的物件比較特別，也就跟檔主談了幾句：

「這個是什麼？一點也不像玉石啊！」我好奇地問。

「是象牙果，是樹的果實。」

「原來是象牙果，真的很有特色。」

這種民間手藝也應該要向外推廣，現在卻成為玉市場的一分子。遊客要是匆匆在攤檔前經過，也未必留意到這些特色的工藝品。想不到，玉市場內竟發現玉以外的有趣物質。但由於我的目標是買玉器，也沒有在意象牙果了。

這趟旅程中，我在玉市場走了一圈，在幾間玉器檔揀過玉器。可是，不是因為玉的叫價太貴，就是不合心意，最後，我一件玉器也沒有購買，就結束了玉市場之旅。在玉市場逗留的時間不長，被雕琢了一段短時間，總算對玉多了點認識，並觀摩了高超的觀人術和推銷技巧，也算是不枉此行了。

走了一趟後想，如果玉市場真的是收藏了上一輩的秘密，那一定是在紛紛攘攘環境中，如何保持定力和意志力！

2.4

防中伏，後生仔「識翠」手冊

對於初接觸玉的人來說，的確有種無從入手的感覺。

走進玉市場，猶如進入了花花世界，什麼新玉舊玉、A貨B貨還是C貨，總是讓人眼花繚亂；就算選定了心儀的玉器，又不知道會否買了貴貨而虧了大本。

單是一個檔子貨品已擺得密密麻麻，要「識翠」殊不易。

綜合多位朋友的建議，大家可留意下列事項：

一、【多看少買】

在未有選購玉的基本知識之前，要多學習、多接觸，才可提升對玉的鑑賞能力。當然，這門是專業學問，經驗要慢慢累積和雕琢，不可能一下子就得着要訣。因此，到玉市場欣賞實物，是提升玉知識的第一步。記着，可多看而不必多買！

二、【量力而為】

剛入門認識玉，摸不清市場行情是很合理的事，掌握玉的交易信息是很重要的。揀選了心儀的玉，購買時也要量力而為。玉沒有定價，俗話說：「黃金有價玉無價」，玉的價格差距很大，所以在買玉前要先作好預算，在能力範圍而又符合條件的情況下，才決定選購。

三、【一分價錢一分貨】

俗話說：「一分價錢一分貨」，不要存有僥幸的心態，以為可以用低價格買到精品。如果存在這種心態買玉，只會更容易受騙。事實上，玉石種類繁多，除了要講求玉料外，也要認識玉的質地、顏色、塊度等；如果玉石的雕琢工藝是出自名家之手，價格又會上調了。至於屬於古玉，或是稀有珍品類的玉，價格更不易評估，更沒可能買到平價貨了

四、【科學鑑定】

要準確辨別玉的真假，一點也不容易。雖然可累積經驗，但隨着科技發達，仿製玉石的技巧也先進了，要從多方面作出綜合判斷，才可作較準確評估。香港有一些機構可以為玉進行鑑定，並簽

發檢定證書，不過收費並不便宜。這種運用科學儀器作鑑定的方法，也只能起輔助作用，因為不可能為每件玉進行鑑定。所以，新手還是要靠不斷累積經驗，並學習更多相關知識。

要認識玉，必須要下點功夫。除了要多接觸外，新手買玉亦無可避免要「交學費」。選購玉，一定要在經濟能力以內，不要存有貪心。年輕人行玉市場，建議抱純粹觀摩心態，身上不宜帶太多金錢，以策安全。

玉雖學問多、博大精深，但看懂後，便知道其收藏價值。

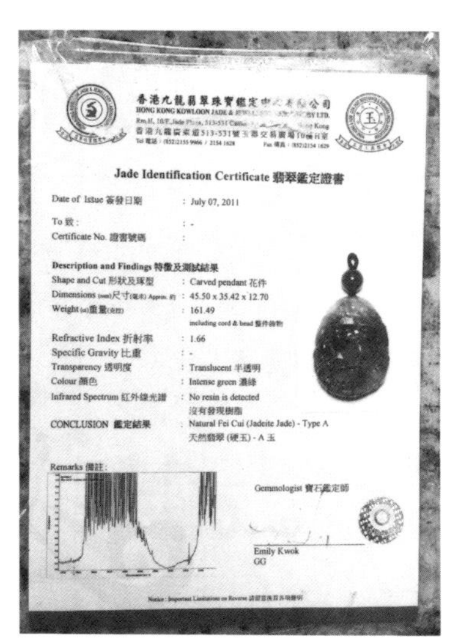

Jade Identification Certificate 翡翠鑑定證書

Date of Issue 簽發日期 : July 07, 2011

To 致 : -

Certificate No. 證書號碼 :

Description and Findings 特徵及測試結果

Shape and Cut 形狀及琢型 : Carved pendant 花件

Dimensions (mm) 尺寸 Approx. 約 : 45.50 x 35.42 x 12.70

Weight 重量 : 161.49
including cord & bead

Refractive Index 折射率 : 1.66

Specific Gravity 比重 : -

Transparency 透明度 : Translucent 半透明

Colour 顏色 : Intense green 濃綠

Infrared Spectrum 紅外線光譜 : No resin is detected
沒有發現樹脂

CONCLUSION 鑑定結果 : Natural Fei Cui (Jadeite Jade) - Type A
天然翡翠 (硬玉) - A 玉

Remarks 備註:

Gemmologist 寶石鑑定師

Emily Kwok
GG

有店子在門外展示玉器鑑定證書樣本。

2.5

長知識，收藏玉器四大法則

■ 玉器外表近似，如何分辨哪款值得收藏？

玉器有價有市，收藏也可保值。許多人愛玉，也愛它的發展潛力。不過，玉無定價，有人靠玉賺得第一桶金，但也有人碰了壁，弄得焦頭爛額。所以，新手不要只顧圖利，就算是老手，也要量力而為。

收藏玉，也是一門學問，要注意下列幾點：

一、【勿投機取巧】過分關注價值，可能會作錯決定

玉是貨財，有升值潛力。然而，炒賣每種貨財都有風險，不可能只是想着賺錢；所以收藏玉器的人，不應以為收藏有升值潛力的玉器，就可賺一大筆。既然玉無定價，也不一定能賣出好價；有時，也會因此上當受騙，買了一件高價玉器。事實上，有玉器商人的確抓住了買家想用玉轉手圖利的心態，用高價欺騙顧客，或用次級的，甚至是假的玉料來騙財。

美玉的價格較高，要是遇到低於市場標準價的話，就要提高警覺，要清楚檢驗、評估風險。

二、【勿純看外表】不要被外表所矇騙

許多人，希望能找到一些造型較美觀的玉器，然而揀玉並不能只單靠外表。許多收藏家都認為古玉年代久遠，有些更長期掩埋在泥土下，玉身一定會有沁色，有的還會因外力而留下一些傷痕。

不過，目前市面上保存完好的玉器仍然有很多，有些家族祖傳

古玉，其光彩毫不亞於當代新玉。坊間有不少機構為玉進行檢驗，並提供質量檢定證書。若對玉石質料有疑問，想尋求真相，也可考慮送交檢測。

三、【勿鑽牛角尖】白色，是最美的嗎？

許多人以為白玉是最美的，質地上乘的白玉價值最高。然而，白玉是有價值，但不一定是最好的。在考古發現中，不少玉石是以青色為主。由此可知，除了白玉外，其他玉石一樣具有價值。

四、【勿信片面之詞】不能盡信背後的故事

為了吸引買家，有些玉器商人會為玉器編造故事，可能是來自名臣的傳家之寶，也可能是從某人的古墓中挖出來的，又或是先祖傳下來的遺物等。總之，要懂得分辨商人的花言巧語，也要訓練出對玉的鑑定能力，以及對玉器來歷的判斷眼光，這些都是中國人自古相傳的寶貴生活智慧。

■ 香港檢測玉石服務簡介。

第三部【惜玉如金】

有寶咩？中國人愛玉有段故

在玉市場逛了段日子，發覺玉世界真不簡單。我頸上的吊墜，也得來不易。賞玉玩玉是門專業，除了要有眼光、定力和意志力，腦海的「資料庫」裏，還要有豐富的玉文化知識。

曾經以為玉的歷史文獻「八股」乏味，但當古文被解讀後，發現故事原來十分有趣、很生活化，急不及待要進入時光隧道，穿越古人的生活場景！

3.1

真享受，古人生活優之良品

■ 把玉佩戴在身上，就是告訴人：「我是君子」。

玉文化在中國源遠流長。來到古代，發現古人其實也很懂得享受。為提升生活質素，把玉賦予特殊的美好理念，設計了不少優良產品。

在古時候，玉器不僅是身分象徵，更用來比喻人的品質，例如有人想出了「君子如玉」、「君子比德於玉」等道德觀念，把玉比附為人的品行，作為君子處世的行為規範。在古代，玉有強烈象徵性，佩戴身上有如「道德響鬧程式」，時常提醒人要作正人君子。佩玉者正是告訴別人：「我是君子」。

玉，為古代普遍健美符號

此外，玉還被人們認為具有辟邪、治病祈福的功效：「玉丹食之可延年益壽，玉衣穿之可保軀體不朽」。在西方生物學、化學還未傳入中國時，玉被中國人蒙上神秘面紗，令人想像具有防腐、美肌功效。

在中國人眼中，「玉」與「美好」扯上關係。自古以來，人們賦予玉各種吉祥寓意，對玉有特別感情。許多人都喜歡佩戴玉器，就像今天年輕人佩戴金屬或塑膠飾物一樣，講究款式、美感和追逐潮流。

事實上，當時有不少人認為，以玉製品作為佩飾，面對逆境時，可增加精神和心理上的抵抗力，甚至能防禦邪氣侵襲，有辟邪、保平安，並帶有吉祥、順利的意思。在死亡率較高、醫療技術落後，又未有心理輔導的古代，市民便借助玉器支取安全感和慰藉。因此，佩戴玉、收藏玉和擺設玉器，是普遍人求心安的心態，和年齡無關，非老人家專利。

玉器在古代功能十分多元化，主要有以下六種象徵意義：

一、【護身之物】原來，有科學及心理學解說

玉，自古以來都被認為是護身之物，有辟邪功效。不少人認為玉器能辟邪，當然未必有科學根據，甚至帶迷信成分，但從另外一些角度分析，玉具有護身作用，則可以理解。時至今日，雖然配玉護身並非年輕人的時尚，但有特別花紋和圖案的手繩、電話繩等潮物，暗地裏也「承繼」了這些信念和文化符號。

玉器上的字眼，正反映了背後的信念和願望。除了傳統的「福」，還有較新式的「愛」。

根據科學研究顯示：玉石含有硒、鋅、銅、鈷、錳等多種微量元素。若人類長期佩戴玉，可讓人體吸收到礦物元素，保持體內各種元素物質平衡，能有效祛病、健身。因此，古人根據集體經驗，將玉器視為護身符，也是可以解釋。

據《肖生玉器》一書提到：「辟邪一詞的由來是這樣的：漢武帝時獅子由西域輸入中國，辟邪為古代印度梵文之音譯，意思是

『大獅子』，所以『辟邪』二字既是詞語，又是神獸名。」按這個說法，具有辟邪作用的玉器，除了雕作神像外，還有神獸類形態，有如今日電玩中的角色設定，變化多端且具趣味。

常見的辟邪玉器，大概被塑造成下列幾個形態：

1. 佛與觀音

在大部分眼中，佛像與觀音都被視為是可以幫助世人避邪擋煞的，自然入選成為祈福保平安的熱門玉器款式。時至今日，年宵市場也有售「擋煞物」或開運牌子，不過真正最受歡迎的設計，其實是卡通人物。

■ 觀音和佛是流行款式。

2. 鐘馗

相傳，鐘馗是捉鬼大師，為人正義凜然，嫉惡如仇，能對付邪惡之物。今天，超人或動漫英雄已取而代之，成為年輕人流行的正氣標誌。

3. 五毒

所謂的五毒，是指蜈蚣、蛇、壁虎、蟾蜍、蠍子。由於五毒之物都具毒性，有人認為能以毒攻毒，起避邪化煞之用。今天，也有年輕人愛穿着怪獸角色的衣飾示人，不知是否有異曲同工之妙呢？

4. 貔貅

民間傳說指出，貔貅是龍九子之一，以食金銀珠寶為生，有入無出。貔貅被認為有辟邪擋煞，以及招財納福的作用。今天，很多商舖門口也擺設日式卡通招財貓，意念相近，手臂更能以太陽能驅動。

不同顏色的玉貔貅。

二、【品德教育】於玉比德，做人要有品

根據《說文解字》所說：

「玉，石之美，有五德。潤澤以溫，仁之方也。䚡理自外，可以知中，義之方也。其聲舒揚，專以遠聞，智之方也。不撓而折，勇之方也。銳廉而不忮，潔之方也。」

所謂「玉有五德」，是指仁、義、智、勇、潔。用今天的言語來解釋，即是好品格，做人要「有品」。將玉和品格配合起來討論，立時變得活潑和形象化。

玉仁:

指玉石富有仁德的象徵。由於玉石的光澤細膩潤滑，玉石斷口處具有油脂光澤，寓意了廣施恩澤，有益於滋養萬物。

玉義:

玉石具有正義之感。根據玉石的外部特徵，可以了解其內部狀況，表裏如一，內外一致。

玉智:

玉石富有智慧的體現。品質優良的玉石可以用來製作玉器，因為玉石的質地堅硬而細膩，所以敲擊時會發出清脆悅耳的聲音，令聽者愉悅。

玉勇:

玉有寧折斷而不彎曲，堅韌不屈的品性精神。玉石的硬度雖然不是很高，但是韌度確實在自然寶石中首屈一指。

玉潔:

有廉潔的意思。白色的玉象徵潔白清廉，是對品質高潔的人一種讚美。除了《說文解字》外，《禮說》也肯定了玉與品德的關係。

此外，在《禮記．聘義》中，有關玉的原文是：

子貢問於孔子曰：「敢問君子貴玉而賤碈者，何也？為玉之寡而碈之多與？」孔子曰：「非為碈之多故賤之也，玉之寡故貴之也。夫昔者君子比德於玉焉：溫潤而澤，仁也；縝密以栗，知也；廉而不劌，義也；垂之如墜，禮也；叩之，其聲清越以長，其終詘然，樂也；瑕不掩瑜，瑜不掩瑕，忠也；孚尹旁達，信也；氣如白虹，天也；精神見於山川，地也；圭璋特達，德也。天下莫不貴者，道也。詩云：『言念君子，溫其如玉。』故君子貴之也。」

白話文版本：

子貢向孔子請教說：「為什麼君子貴重玉，而輕賤似玉的美石呢？是因為玉很少，而美石就有很多嗎？」孔子說：「並不是因為美石多所以才輕賤美石，玉較少所以才覺得貴重，而是因為從前君子把美德和玉相配比：

玉的溫潤而光澤，就是仁；玉的縝密堅實，就是智；玉的稜角方正而不傷人，就是義；玉的沉重欲墜，就是禮；玉的敲擊聲音清越悠長，終了戛然而止，就是樂；玉的瑕不掩瑜，瑜不掩瑕，就是忠；玉的色彩四溢，就是信；玉的氣質如白虹，就是天；玉的精神體現在山川，就是地；玉製的圭璋用於禮儀，就是德。

天下把玉當作貴重，就是這個道理。《詩經》中說：『想念那位君子，就是德，他的溫柔如玉。』所以君子就把玉當作貴重。」

自此之後，古代的教育界也開始流行借用玉的「五德」，傳揚及教育五種優良的品格，以下是借《說文解字》中「玉部」的演繹：

1. **「潤澤以溫，仁之方也」——仁愛施恩**

   溫和滋潤具有光澤，表明玉善施恩澤，富有仁愛之心。

2. **「鰓理自外，可以知中，義之方也」——一心忠義**

   玉有較高的透明度，從外部可以看出內部的特徵紋理，表明玉竭盡忠義之心。

3. **「其聲舒揚，專以遠聞，智之方也」——智慧遠播**

   如果敲擊玉石，會發出清亮悠揚悅耳的聲音，並能傳到很遠的地方，表明玉具有智慧並傳達給四方的人。

4. **「不撓而折，勇之方也」——勇者無懼**

   具有極高的韌性和硬度，表明玉具有超人的勇氣。

5. **「銳廉而不忮，潔之方也」——廉潔克己**

   有斷口但邊緣卻不鋒利，表明玉自身廉潔、自我約束並不傷害他人。

三、【優質生活】款式獨特，各適其適

除了玉的雕工和款式外，配玉的絲帶也十分講究，不同身分的人配襯不同顏色的絲帶，有如今天男士把西裝、恤衫和領帶配襯得宜，便能表現個性及身分。

在《禮記．玉藻》篇中：

君子無故，玉不去身，君子於玉比德焉。天子佩白玉而玄組綬，公侯佩山玄玉而朱組綬，大夫佩水蒼玉而純組綬，世子佩瑜玉而綦組綬，士佩瓀玟而縕組綬。孔子佩象環五寸，而綦組綬。

意思即是：

君子如果沒有特殊原因，便玉不離身，因為君子是以玉來象徵德行的。天子佩白玉，用玄色的絲帶；而諸侯則佩山玄色的玉，用朱紅色的絲帶；大夫便佩水蒼色的玉，用細色的絲帶；太子則佩美玉，用蒼白色的絲帶；而士卻佩瓀玟，用赤黃色的絲帶。孔子當年閒居，所佩的玉是直徑五吋的象環，用赤黃色的絲帶。

四、【吉祥】一見安心無有怕

玉也代表了吉祥。

為了突顯玉有吉祥的意思，許多玉器的雕飾，都用了「吉祥」兩字的圖案，表達心底的意

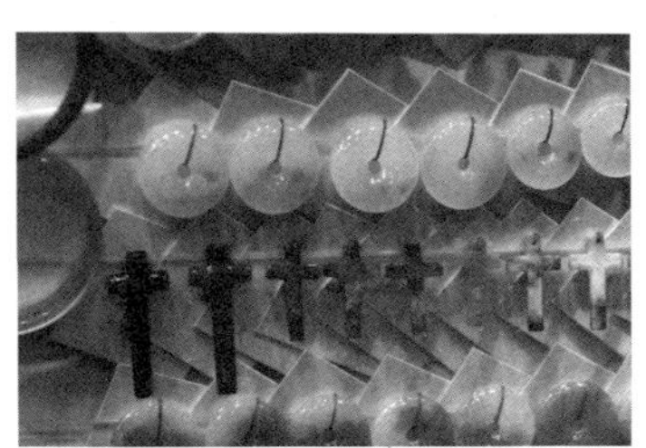

■ 除了古錢外，西方宗教味道濃厚的十字架也很流行，相信是代表基督的救恩。

願和渴望。玉雕常見有象徵平安意思的圖案，包括：古錢、葫蘆、花瓶、竹子等。

1. 古錢

若擺放古錢在家，相信具有招財功效；如果佩戴在身上，則有利於出入平安。玉雕作品中的平安扣，造型來自古錢，天圓地方的形象正象徵心胸廣闊，寓意平安吉祥。

2. 葫蘆

葫蘆有幫助人們解除病痛之苦，所以很多人都將玉製的葫蘆掛在牀前，或是掛在門外，有保人平安的功效。

3. 花瓶

花瓶的「瓶」字，取其與「平」字同音。如果有玉雕的花瓶擺放在家中，則代表了祝願家人平安。

4. 竹子

竹子有竹報平安與富貴竹之意，很多玉牌作品都會雕刻竹子，適合長期在外的人佩戴。

五、【保平安】為老人家打氣

玉代表吉祥，佩戴玉器，可有保平安的作用。保平安，是沿於辟邪之說。老人身體較弱、易有病痛、行動不便，故此，較年輕人需要借玉器增強自信心，提升心理質素，積極生活。

老人家尤其最愛佩戴平安扣的款式。因為平安扣外形圓滿，佩戴起來，既美觀又有吉祥的意境。

六、【延年益壽】古代隨身「按摩器」

許多人認為佩戴玉器能促進人體健康。在史書《黃帝內經》中，記載了砭石能夠治百病；明代的《本草綱目》中，也記載了關於玉石的二十多種中藥。

根據科學鑑定，玉含有對人身體有益的微量元素，能通過與人體皮膚接觸而充分被吸收，調節人體各個感官生理機能，達至調節氣血、平衡陰陽等保健功效。

■ 今天也有人生產以玉製作的按摩棒。

當中，和田玉手鏈最流行，長期佩戴與皮膚不斷摩擦，從而按摩穴位，對疏通經脈有幫助。和田玉和其它玉石飾品的最大區別，是它獨具保健功效。據說，目前沒有其他飾物能夠代替。而且，一塊品質上好的和田玉石，是非常具收藏價值。故此，榮登古代高級飾物流行榜。

【特寫】古人的個性化icon

中國人除了用十二生肖來預測運程外，也用來推算對方的大概年齡。在社交場合，直接準確道出年齡難免尷尬，生肖可讓人對年齡留有想像空間，具實際功能。

■ 各式生肖玉器。

此外，它亦是一種古人身分認同和宣示個人特質的象徵。許多人會特地選擇屬於自己生肖的玉器作佩飾，讓別人容易了解他／她。十二生肖其實各有獨特性格，背後還有不同寓意：

鼠：代表聰明、機智、仁慈、樂觀。要是搭配金錢圖案，合成福鼠金錢，象徵富貴財富。

牛：有勤勞致富的意思。如果牛的形象是抬頭仰角，則寓意牛氣衝天。

虎：有威猛的形象，也象徵了實力。

兔：溫順可愛，有揚眉吐氣的寓意。

龍：龍是神獸，有呼風喚雨、騰雲駕霧的能力，有權威的象徵意義，也是吉祥物之一。

蛇：有順風得力的意思，象徵有君子之德。

馬：象徵人才、聖賢、能力。其中，以駿馬圖、萬馬奔騰的圖案最有氣勢，亦有龍馬精神的意思。

羊：取了「陽」的諧音，具三陽開泰的寓意。

猴：有聰明伶俐的意思，同時也與「侯」近音，代表可封侯做官。

雞：有大吉大利的意思，也以雞冠代表加官。如果圖案是一隻母雞與五隻小雞，則取五子登科的意思。

狗：有做事敏捷、忠誠的意思。一般會塑造成吉祥狗、富貴狗等。

豬：天生富貴的圖案，尤以流行將玉雕塑成「富貴豬」的類別。

3.2

和氏璧——中國版「魔戒」，神秘消失的瑰寶

許多人都知道「完璧歸趙」的故事。但究竟，這塊「璧」何時面世？最後又流落到何人的手上呢？其神秘感和戲劇性，有如電影《魔戒》（*The Lord of the Rings*）中的指環。

「完璧歸趙」中的璧玉，稱為「和氏璧」。這塊價值連城的和氏璧，原屬於戰國時代的楚國，為何會變成「完璧歸趙」，而不是「歸楚」呢？而在「完璧歸趙」之後，和氏璧又去了哪裏？

很少人討論完璧歸趙中的「璧」何時面世。

春秋時期，楚國人卞和將玉璞獻給了楚厲王。楚厲王找來相玉家進行鑑定，卻認為只是一塊普通的石塊。厲王非常生氣，認為卞和欺騙他，下令

砍掉卞和的左腳。楚厲王死後，楚武王繼位，卞和再一次將玉璞獻給了楚武王，但再被鑑定是普通石頭，結果因欺君之罪砍掉了右腳。到了武王之子文王繼位，卞和抱着玉璞在楚山下，痛哭了三天三夜。文王知道這件事後，派人問卞和。

玉璞原來是奇珍，眾王齊走寶

使者問卞和：「天下被砍足的人很多，你為何如此悲傷呢？」卞和答道：「我不是因為雙腳被砍而痛哭，而是因為這塊寶玉被誤認為石頭，忠貞之士被當作欺君之臣。」

文王聽後，命人把石頭剖開，果然得到一塊無瑕的美玉。為了獎勵卞和忠君之心，文王將璧玉命名為「和氏璧」。原來，這塊後來被人爭得頭破血流的珍貴璧玉，初時曾流落到多個王手上，不過眾王都有眼無珠而走寶了。

■ 據說，卞和先後三次獻上「和氏璧」。

這個故事，見《韓非．和氏第十三》，原文是：

楚人和氏得玉璞楚山中，奉而獻之厲王。厲王使玉人相之。玉人曰：石也。王以和為誑，而刖其左足。及厲王薨，武王即位。和又奉其璞而獻之武王。武王使玉人相之。又曰：石也。王又以和為誑，而刖其右足。武王薨，文王即位。和乃抱其璞而哭於楚山之下，三日三夜，淚盡而繼之以血。王聞之，使人問其故，曰：天下之刖者多矣，子奚哭之悲也？和曰：吾非悲刖也，悲夫寶玉而題之以石，貞士而名之以誑，此吾所以悲也。王乃使玉人理其璞而得寶焉，遂命曰：和氏之璧。

瘦田耕開有人爭

當和氏璧被發現後，各國君主都想得到這塊寶玉。公元前333年，楚國吞滅越國，楚威王因相國昭陽滅越有功，將和氏璧賜給了昭陽。就在這時，卻發現和氏璧失竊了。當時，有人曾懷疑和氏璧被正在楚國進行遊說的張儀偷竊了，可是張儀拒絕承認。楚人無奈，只好將張儀釋放了。自此，和氏璧銷聲匿迹。

直至一天，和氏璧突然在趙國出現，被趙惠文王的宦者繆賢購得。趙國得到和氏璧的消息，傳到秦昭王耳中。秦昭王派人送信給趙王，希望用十五座城來換取和氏璧。趙王明知秦國想強取豪奪，但秦國勢力強大，怕得罪秦國招來滅國之災，只好派藺相如奉璧出使秦國。於是，掀起了大家較熟識的「完璧歸趙」故事。

藺相如持璧惡鬥奸秦王

藺相如到了秦國，把和氏璧獻給秦王，秦王將玉璧傳給左右嬪妃大臣觀看，眾人皆呼萬歲。藺相如見秦王無意割城，就走上前去說：「璧上有點瑕疵，讓我指給大王看看。」

秦王將璧遞給了藺相如，藺相如持璧而立，大怒道：「大王你想得此璧，派人送信給趙王。趙王召集羣臣商議時，羣臣們認為秦國依勢欺人，拿十五座城換玉璧只是空話。我認為百姓之間交往都不會互相欺騙，更何況秦國大國呢！因和氏璧而得罪秦國，實在不值。趙王採納了我的建議，為了表示對秦國的尊重，趙王齋戒五日，才派我將璧送給你。可是，大王你在召見我時，態度無禮傲慢，將和氏璧傳給眾人看，這是在戲弄我和趙國。大王你無意割城易璧，就取回此璧。若再逼我獻出玉璧，我的頭就和這玉璧一起撞碎在這柱子上。」

藺相如說罷，馬上高舉璧玉，作出撞擊柱子的姿態。秦王恐和氏璧被撞碎，連忙道歉，並召人拿來地圖，指出給趙王割去十五座城。藺相如對秦王說：「趙王派我送璧之前曾齋戒五日，現在大王你也應該齋戒五日，並設九賓之禮，這樣我才會獻出玉璧來。」

拒信「世襲大話王」，速逃去

秦王見無法強奪，只好同意了。藺相如回到賓舍，想秦王雖然答應齋戒，但秦王的一舉一動，表明他根本不可能割城給趙國。於是派手下人喬裝打扮，懷揣玉璧，連夜逃回了趙國。

■ 藺相如高舉璧玉，作出撞擊柱子的姿態。

五日後，秦王在宮廷內設九賓之禮，命人請藺相如。藺相如對秦王說：「秦國從繆公以來二十餘位君主，沒有一位是恪守信約的。我擔心因你失約而辜負趙王對我的重託，所以已派人把玉璧送回了趙國。秦國強盛而趙國弱小，如果大王先割十五城給趙國，趙國怎麼會留璧而得罪你呢？我知道欺君之罪當殺，我願下湯鍋，你看着辦吧。」

秦王和眾臣聽後面面相覷。有大臣建議將藺相如囚禁起來，再攻打趙國。秦王想即使殺了藺相如也得不到玉璧，而且還會使兩國的關係惡化，不如厚待藺相如，自己也可得到明君的聲譽。

中國版甘道夫，智勇雙全完成任務

於是，秦王在宮廷內以隆重的禮節款待藺相如，並將他送回趙國。這就是歷史上「完璧歸趙」的故事，藺相如有如中國版的甘道夫（Gandalf），明白自己的使命、了解對手的心理，以勇敢和智慧保住了和氏璧，完成任務。

在《史記．廉頗藺相和列傳》中這樣記載：

趙惠文王時，得楚和氏璧。秦昭王聞之，使人遺趙王書，願以十五城請易璧……

趙王於是遂遣相如奉璧西入秦。秦王坐章臺見相如，相如奉

■ 藺相如以智勇保住了和氏璧。

璧奏秦王。秦王大喜，傳以示美人及左右，左右皆呼萬歲。相如視秦王無意償趙城，乃前曰：「璧有瑕，請指示王。」

王授璧，相如因持璧卻立，倚柱，怒發上衝冠，謂秦王曰：「大王欲得璧，使人發書至趙王，趙王悉召羣臣議，皆曰『秦貪，負其彊，以空言求璧，償城恐不可得。』議不欲予秦璧。臣以為布衣之交尚不相欺，況大國乎！且以一璧之故逆彊秦之驩，不可。於是趙王乃齋戒五日，使臣奉璧，拜送書於庭。何者？嚴大國之威以修敬也。今臣至，大王見臣列觀，禮節甚倨，得璧，傳之美人，以戲弄臣。臣觀大王無意償趙王城邑，故臣復取璧。大王必欲急臣，臣頭今與璧俱碎於柱矣！」

相如持其璧睨柱，欲以擊柱。秦王恐其破璧，乃辭謝固請，召有司案圖，指從此以往十五都予趙。

相如度秦王特以詐詳為予趙城，實不可得，乃謂秦王曰：「和氏璧，天下所共傳寶也，趙王恐，不敢不獻。趙王送璧時，齋戒五日，今大王亦宜齋戒五日，設九賓於廷，臣乃敢上璧。」秦王度之，終不可彊奪，遂許齋五日，舍相如廣成傳。

相如度秦王雖齋，決負約不償城，乃使其從者衣褐，懷其璧，從徑道亡，歸璧於趙。

秦王齋五日後，乃設九賓禮於廷，引趙使者藺相如。相如至，謂秦王曰：「秦自繆公以來二十餘君，未嘗有堅明約束者也。臣誠恐見欺於王而負趙，故令人持璧歸，間至趙矣。且秦彊而趙弱，大王遣一介之使至趙，趙立奉璧來。今以秦之強而先割十五都予趙，趙豈敢留璧而得罪於大王乎？臣知欺大王之罪當誅，臣請就湯鑊，唯大王與羣臣孰計議之。」

秦王與羣臣相視而嘻。左右或欲引相如去，秦王因曰：「今殺相如，終不能得璧也，而絕秦趙之驩，不如因而厚遇之，使歸趙，趙王豈以一璧之故欺秦邪！」卒廷見相如，畢禮而歸之。

有說，和氏璧被秦始皇製成玉璽

到了公元前228年，秦國攻佔趙國，趙幽王投降，獻出了和氏璧。秦王嬴政統一六國後，和氏璧亦理應落入秦國寶庫之中。不過，和氏璧卻從此在歷史記載中消失了。

據說，秦始皇統一中國後，用和氏璧製成了傳國的玉璽，令丞相李斯在玉璽上，刻上「受命於天，既壽永昌」八個字，寄望玉璽則代代相傳，可是沒料到傳到第二世，就亡了國。可是，和氏璧製成傳國玉璽的說法，是沒有根據的。至於其去向如何，已成為歷史上一大疑案了。

有說，後來和氏璧被製成秦始皇的玉璽。

和氏璧經歷各國爭奪，有如電影《魔戒》中的指環一樣，象徵人類的慾望。後來，這塊傳奇的美玉，被文人雕琢得更神秘、更具魅力。至今，仍未有人再表示見過它。當大家逛玉市場時，或可幫忙留意一下。

3.3

「行家買玉來廣東」——現代奪玉奇兵

從春秋時代至今，玉一直是爭奪對象。在現代商業社會中依然搶手，不過就改以價高者得的方式競投。中國人愛玉，今天各省市都擁有不少著名玉市場。

■ 廣州玉市場。

回到現代，就先逛逛廣州、四會、平洲和揭陽，即廣東四大玉市場吧！深入當中，發現充斥一班企圖低買高賣的「奪玉奇兵」。玉石器行內有說：「行家買玉來廣東」。廣東四大市場各具特色，又鄰近香港，怎能不親身來湊湊熱鬧呢？

一、【廣州】銷售天堂，人流最多

廣州玉市場，是廣東省主要玉市場之一，位於廣州長壽路附近，上下九商業步行街，人流十分多。

這條廣州玉器街又稱「華林玉器街」，街道兩旁有數百間與玉器有關的商店。其中，華林玉器城是區內最大的玉市場。據說，這裏所賣的「基本上」都是真貨，若有發現販賣假貨的，會受到商場處罰。

在華林玉器城北面，有條名為戴河路的街道，也有不少賣玉器的小店。除了小店，還有擺地攤的玉石器商販。雖然只是地攤，也有機會買到好東西。如果眼光好的話，說不定能找到便宜的玉器。

■ 市場擺放了一塊刻有「中國珠寶玉石第一街」的巨石。

二、【四會】盛產花草類玉器

第二個要介紹的，是位於四會市區的玉市場，於清末民初時已逐漸發展起來，只是後來沒落了。直到改革開放後，四會的玉業才再次發展起來。四會玉市場，主要經營花草類款式。當中，又主要是出售淨貨。所謂「淨貨」，即已拋光的玉器。這裏有些玉器是未經拋光的，若有需要也可請師傅代勞。不過，拋光收費並不便宜，有時還超越了玉器本身的售價呢！

另外，四會還有一個玉市場──天光墟。天光墟是個玉地攤市場，每天約於凌晨三、四時就開始營業，到上午七時左右就休息。由於營業時間，只是由天將拂曉至天亮，故稱「天光墟」。

三、【平洲】原石集散地

第三個要介紹的玉市場，位於平洲玉器街，在南海平洲平東村附近，主要經營玉鐲生意，還有原石和邊角材料等出售。

一直以來，平洲以販賣手鐲著名，也是石料交易市場。手鐲工藝不算複雜，只是需要使用較大的原石。由於平洲是原石集散地，每天都有來不少自港澳台，及各省的商人進行買賣。平洲的玉鐲產銷量，佔區內玉器總量60%至70%，故被稱為「玉鐲之鄉」。

四、【揭陽】「金玉之鄉」高檔市場

最後一個介紹的玉市場，是揭陽玉市場，位於揭陽市區邊的陽美村。雖然規模較小，但由於玉器工藝精美，全國聞名，加上這裏主要專營高檔玉器，大部分都屬A貨，因此，揭陽素有「金玉之鄉」的美譽。

這裏的村民大多是從事玉業，市內幾乎全民皆兵。自二十世紀初，不少村民加入了玉器生產貿易，迄今已有近百年歷史。

總括而言，四個市場都各有不同特色：

廣州人流多，以成品銷售為主；四會有著名的天光墟，主要銷售花草款式半成品，B貨、C貨較多；平洲主要製造成品、半成品的玉鐲以及原石；至於揭陽，則走高檔玉器路線。

內地玉器市場文化遠比本港複雜，若有意結伴同遊考察，請先多讀相關書籍或資料，可大大增加遊玩趣味。

3.4

入門寶典──《秘境：中國玉器市場見聞錄》

中國人自古以來就愛玉，文人愛玉，君主也愛玉。從本港或內地玉市場所見，就算是一般的平民百姓也愛玉。中國內地有玉石出產，自然能孕育出大批愛玉、玩玉、賞玉的專家，雕琢出龐大的國家級玉石產業。

■《秘境：中國玉器市場見聞錄》封面（北京十月文藝出版社，2015年）。

不認識玉的人，走進玉市場猶如走進秘境，分不清玉石真偽，也猜不透其價值。就算是有經驗的玉石專家，也有機會作出錯誤判斷，隨時在秘境中迷失。這就是玉世界好玩和有趣的地方，是冒險家樂園。許多人都想認識這秘境，探索其鮮為人知的一面，以及內裏的奇情故事。

《秘境──中國玉器市場見聞錄》就是一本以中國玉市場為主題的專書，作者白描，是內地文學家，也是長期致力研究玉文化的學者，寫過不少以玉為題材的專書。透過《秘境》一書，分享其賞玉經驗，帶讀者走入玉的神秘境地。

全書分兩大部分，上半部是「白玉紀」，下半部是「翡翠傳」。兩部共收了三十個主題，將玉市場的情況、作者賞玉、玩玉的經驗，以及與玉有關的趣聞逸事，甚至是分辨玉真假的常識、翡翠ABC貨的區分辦法等，都收入書中。對玉有興趣的人士，一定眼界大開。

玉碎了，不能和金一樣再生

作者對玉有研究，自然明白其引人入勝之處。玉予人有一種珍貴的感覺，作者開首已闡釋了這個課題：

玉器之所以被人珍視，其最大特點是不可再生，不可複製。有道是：金碎了，分量還在，但玉不行。玉碎，早已成為一種美好事物毀滅再難挽回的經典用語。

而玉石原料，作為地球億萬年才形成的稀有礦物質，開採一塊就少一塊，不可能像有些物質那樣通過冶煉或合成來獲得。不可複製、不可再生的特性，既是玉器自身價值的所在，也決了其存世的唯一性。

既然玉本身十分珍貴，對發燒友來說，只要能買到心頭好，價值已非首要考慮。然而，對大部分不認識玉的人來說，要是買了假玉的話，就是被騙了。因此，玉市場之所以稱為秘境，就是這個道理，背後隱藏着一套不隨便公開、具生財能力的學問。對於這個情況，作者白描也有一番體會：

人們愛玉，想涉足這一領域，卻又其中水太深，不明虛實就裏，吃虧上當自尋煩惱。這固然與玉與生俱來以及人為賦予的神秘色彩有關，也與贗偽不絕坑蒙拐騙的事情時有發生有關。

另外一個重要原因，在於玉器這個行當，千百年來主張師徒承傳，前輩對於後輩，在知識、經驗和技藝上多是口傳心授，更有門派內外之別，想要向社會普及，是不可能的。

這番話，也不無道理。玉沒有標準的定價，判斷錯了，隨時會虧了大本。玉炒賣就像賭博一樣，一不小心，就會焦頭爛額。熱愛投資的香港人，或許對其所見所聞有興趣，看看其原理能否應用於其它投資工具。

在書末最後一篇，竟然記錄了一則與香港有關玉的故事。這故事是關於九七回歸時，一件祝賀回歸的大型玉器──「炎黃之根」。

《秘境》涉及玉與中國傳統文化，亦有收藏玉的趣事及基本知識。或許，是一部認識玉的入門百科。但要了解玉，當然不能單單一本通書看到老，還要參考不同人的見解和經驗。

當對玉有穩固的認知基礎，日後便能引發無限狂想。

【特寫】「炎黃之根」為八大國寶級翡翠

《秘境》其中一段這樣描述：

中國當代大型翡翠作品製作，據我所知，始於一件名為「炎黃之根」的大型翡翠巨製

……

這是「中華名人慶九七香港回歸聯誼會暨藝術品展」現場。董建華和當屆「香港小姐」翁虹為「炎黃之根」揭幕。眾人被這座巧奪天工、藝術價值極高、重約一噸的翡翠瑰寶緊緊吸引，久久欣賞，由衷讚歎。第二天，中國港、澳、內地以及東南亞各媒體紛紛報道，稱「炎黃之根」的展出為香港回歸獻上了一份厚禮。而九七獻寶的主人公喬立君，隨之也成為一位傳奇式的新聞人物。

較成熟的香港人，或許知道翁虹是1989年度亞洲小姐冠軍（白描說是當屆「香港小姐」），但卻未必知翡翠「炎黃之根」的背景。

2006年中國珠寶界公認的八大國寶級翡翠，其中一塊便是翡翠「炎黃之根」。這件創作於1997年的香港回歸獻禮之作，規格宏大，高一百二十厘米、寬九十九厘米、厚四十厘米，現收藏於深圳新炎黃文化中心。

它雕有黃河、長城、大雁塔、小雁塔、麥積山石窟、懸空寺、趙州橋、天壇祈年殿等，歷代著名景觀及漢武帝祭拜黃帝陵的場面，寓意中華民族的起源，發展與悠久的燦爛文明。作品被中國寶玉石協會、中國玉雕協會、中央美院、故宮博物館的權威專家鑑定，冠之以空前絕後。作品由姜文斌，李東，陳江，郎曉峰等中國工藝美術大師於1996年完成。

■「炎黃之根」現收藏於深圳新炎黃文化中心。

3.5

獅子山下的玉石狂想曲

穿越古今，又回到香港的獅子山下。

原來，早年香港電台電視節目《獅子山下》，有一輯是關於玉的。但故事不是以玉為主題，玉只是配角，由玉鐲帶出興建萬宜水庫的前因，以及水下舊村的景色。

這集名為〈水中的故鄉〉，於2006年拍攝。故事講述1975年，政府計劃興建萬宜水庫時，遷徙了爛泥灣村（後來改稱萬宜村）原本五十多戶、約四百個居民，安排他們遷到西貢碼頭附近，再改稱為萬宜新村。自此，舊有的村落隱沒在萬宜水庫的水底中。〈水中的故鄉〉之名稱，就是由此而來。

故事主角浩賢（呂頌賢飾）受祖母所託，要尋回昔日留在村屋內的家傳玉鐲。他潛入水底尋找，開展了「尋玉鐲行動」。當然，根本不可能在水底中尋回玉鐲。最後，浩賢只是到玉市場，買了一隻近似款式的玉鐲，當作從水中尋回的玉鐲交給她，算是大團圓結局。

雖然玉只是配角，但在水務署的首肯下，才可潛入萬宜水庫的水底拍攝，讓觀眾看到爛泥灣村遺址的面貌，十分難得。

《獅子山下──水中的故鄉》

導演：爾冬陞
演員：呂頌賢、宣萱、房祖名、張同祖
製作：香港電台（2006）

■ 玉鐲擔任了劇中的「配角」。（香港電台〈水中的故鄉〉畫面）

《翡翠戀曲》對幸福婚姻的冀盼

另一套與玉有關的電視劇集，是2004年無綫電視播放的《翡翠戀曲》。劇集以甘肅街玉器市場作為背景，是少數在這裏取景拍攝的劇集。故事以玉石器生意為主線，提到一件最寶貴的玉器「和合二仙」。所謂「和合二仙」，是指「寒山」和「拾德」二仙，相信可保祐人們婚姻幸福。這套劇，不僅是關於玉石良緣的故事，還涉及不少人性描述。

《翡翠戀曲》

監製：王心慰
演員：陳慧珊、劉松仁、鄭嘉穎、周麗淇
製作：無綫電視（2004）

■《翡翠戀曲》是難得以玉為主題的電視劇。（tvb.com畫面）

在電視的想像世界中，玉是個感性的符號，飾演一個滿有過去、回憶和人情味的「草根角色」；此外，它也標誌着中國人對婚姻幸福的心願。

電視劇受播放時間所限，不得不雕琢得短少精悍，考驗監製和導演的「刀工」，只能抽取重點刺激觀眾耳目。似乎在文字世界，才有足夠想像空間，把玉的文化符號細緻、蕩氣迴腸地展現出來。

第四部【書中自有顏如玉】

本土文人的玉石想像

玉能成為電視劇集題材，便證明它是大眾化、受社會關注的生活元素。在古代，原來玉也十分熱門，是文人使用率極高的流行創作題材。曹雪芹的小說《紅樓夢》，原名《石頭記》，便妙用了玉的文化符號，雕琢成文學經典。

有見及此，約來一班現代文壇好友，由成語出發，繼而從現代角度，以神明、城市、緣和情等面向，把玉故事立體地呈現出來。

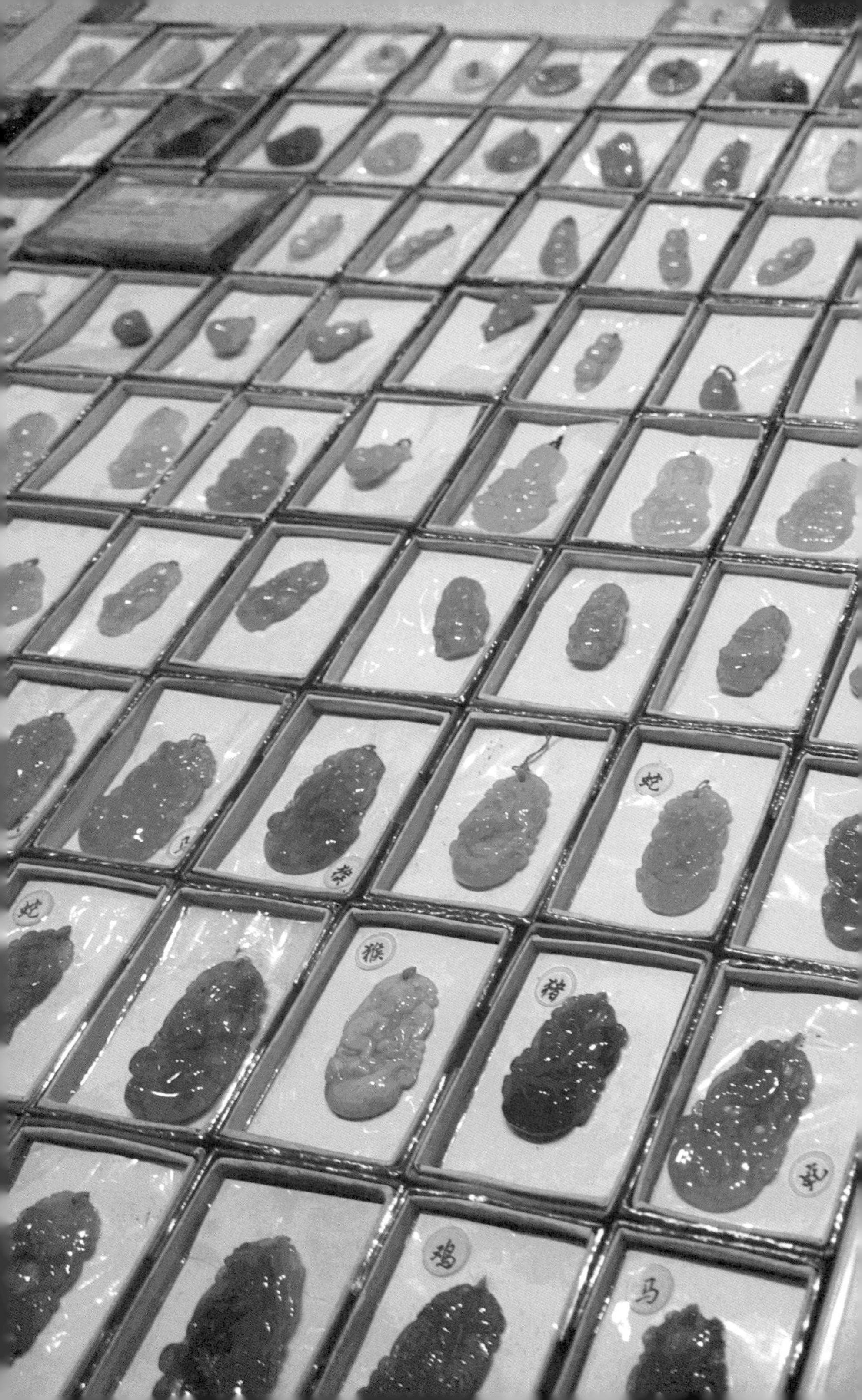

蛇
蛇
猴
猪
鸡
马

4.1

玉・成語

■ 玉器自古和生活息息相關。

玉不可分 | 余詠思

今秋，遊武漢，對晴川閣飄搖的銀杏為之動心，後來，有幸到訪擁有如珞珈美玉般文化底蘊深厚的武漢大學，更見一份「**藍田玉生**」的氣魄。同日，在湖北省博物館，細讀了該館出版的書籍，當中收錄了很多文物跟成語相關的故事。有感這些資料配合寫作主題，再結集多年前，在香港一場有關古玉文化意義專題講座的所得，嘗試梳理出古玉和成語的一些脈絡。

玉石，從來便跟中國的信仰、政治、身分象徵、祭祀以至生活習俗密不可分，故把本文命題為〈玉不可分〉。玉器製造已有上八千年歷史，大部分人或將玉器視為鑑賞用的藝術珍品。但玉文化，比玉器製造歷史更源遠流長，要從中雕琢出它跟成語的關係，千頭萬緒，難以隨心所欲，本篇就以下五個範疇略窺一二：

一、成語中的「玉食」

我們都讀過李白《將進酒》「鐘鼓饌玉不足貴，但願長醉不願醒。」在湖北省博物館曾侯乙墓出土的其中一件展品「銅建鼓座」，展示權貴人家在音樂和飲食上，如**「鐘鼓饌玉」**般奢華富足的生活(註1)。因此，我們不難發現許多成語，也將珍貴美味的食物比喻為玉，例如**「錦衣玉食」**、**「食玉炊桂」**。

「食玉炊桂」語出《戰國策．楚策三》：「楚國之食貴於玉，薪貴於桂，謁者難得見如鬼，王難得見如天帝，今令臣食玉炊桂，因鬼見帝。」這形容食物比玉還珍貴，柴薪價錢比桂樹更高。「玉食」，多少反映當時人們飽受物價高昂的窘迫生活（註2）。

二、成語中的「玉與音樂」

山東曲阜孔廟，立有一座石牌坊，上面刻有**「金聲玉振」**四個字，表示孔子所說的富有哲理，發人深省（註3）。**「金聲玉振」**意思是「以鐘發聲，以磬收韻，奏樂從始至終。比喻音韻響亮、和諧。也比喻人的知識淵博，才學精到。」（註4）

在湖北省博物館的編鐘演奏中，我們仍有機會時光倒流，傾聽曾侯乙編鐘、編磬複製品奏出玉的聲音，除了由青銅鑄成編鐘所發出的「金聲」外，還有配合由玉石製成的編磬，合奏出禮樂祥和之音。這成語中的玉與音樂，讓我們今天仍能窺見古代諸侯對音樂藝術的完美追求。

三、成語中「喻意美好的璧玉與祭祀」

《說文解字》：「靈，巫以玉事神。」古人以璧玉祭天，通心的圓形象徵天空，璧玉東南兩端常雕刻鳥圖，呈現兩端的鳥兒在圈中展翅盤旋的圖像。我在湖北省博物館看到的「雲紋玉璧」也有近似形態，都是中國古代用來祭天的禮儀玉器。

《周禮．春官．大宗伯》：「以玉作六器，以禮天地四方、以蒼璧禮天，以黃琮禮地」，璧玉與琮、圭、璋、琥、璜不止並稱六瑞，更位列六瑞之首，可見璧玉在祭祀中擔當極為重要的角色。（註5）

璧玉不單在祭祀中顯得重要，千百年來許多與其相關的成語仍保留至今，代代流傳，如：**「完璧歸趙」**、**「珠聯璧合」**、**「白璧無瑕」**等，這類成語多用作比喻人或事物之完美無缺。

其中，**「寸陰尺璧」**在寶玉喻美好人事的基礎上，讓我們多了一層深刻的反思。語出《淮南子・原道訓》：「故聖人不貴尺之璧而重寸之陰，時難得而易失也。」（註6）意思是指，短暫的光陰比寶玉更加可貴，拋卻身外物，方知美玉鑲嵌在成語中，遺下生生不息的人生哲理，更值得我們珍惜。

四、成語中「玉石賦予人警戒作用」

上文提及璧玉，形狀圓且中空，多作祭天之用。另一種，在成語中也見蹤影的玉石「圭」，則是「上圜下方」，那是古代帝王或諸侯在舉行典禮時拿的一種玉器。「圭角」，以圭的稜角喻作鋒芒（註7），衍生的成語有**「白圭可磨」**（註8）、**「三復白圭」**（註9）、**「不露圭角」**（註10）等，都是勸戒世人謹言慎行、不露鋒芒。

玉石給世人保存下來的**「金玉良言」**，可謂**「字字珠玉」**，即使不奉為**「金科玉律」**的戒條，也值得我們反復思量。

五、成語中「美玉象徵古人身分與階級」

一句「君子玉不去身」，但凡達官貴人都有佩玉在身，而君子玉不離身更有一種特別的象徵意義，它把市井與貴族區別出來，代表了一個人的尊貴身分。透過玉器表現身分尊貴至極，便不得不提**「金縷玉衣」**，在不少皇帝、諸侯、貴族的陵墓有不少出土。金線、銀線、銅線縫製的玉衣，分不同等級。

這次在湖北省博物館，我又看到了梁莊王墓出土的「玉葉組佩」（註11），整件組佩由三十二片玉葉，和十六件串飾，及一件玉珩，總共四十九件玉飾組成。上面有葉、瓜、石榴、鴛鴦、魚、桃等多種墜飾，那是婚配喜慶之物，寓意吉祥多福，便立刻讓人聯想到成語**「玉葉金枝」**（註12），形容雲彩的外形，為瑞兆或帝王之象，甚有氣派。

今天我們說到**「金枝玉葉」**，表達的意義距古不遠，都是用來比喻出身高貴的或嬌弱的女子（註13），而玉跟女子相關成語多不勝數，本篇不贅。

六、結語

存活下來與玉相關的成語，大都跟民間生活息息相關，牽繫到的又豈止飲食、音樂、祭祀、警語和身分象徵？

我們單純從鑑賞角度，去欣賞這些語言的瑰寶還不夠，文字雕刻家濃縮它們為精煉的成語，讓世代留存下來，呈現出一種非常廣闊的民族面貌。本篇將見解結集、整理，或許**「瑕瑜互見」**，卻深信**「玉不琢，不成器」**的至理。

註：

1. 胡昇編著：《文物與成語——湖北省博物館文物背後的成語故事》。武昌：武漢大學出版社，2015年，頁22。
2. 《教育部成語典》。「食玉炊桂」成語條項。中華民國教育部版權所有，2010年。
3. 胡昇編著：《文物與成語——湖北省博物館文物背後的成語故事》。武昌：武漢大學出版社，2015年，頁6。
4. 《漢典》。「金聲玉振」成語釋義修項。2004-2015 zdic.net。
5. 胡昇編著：《文物與成語——湖北省博物館文物背後的成語故事》。武昌：武漢大學出版社，2015年，頁9。
6. 《教育部成語典》。「寸陰尺璧」成語條項。中華民國教育部版權所有，2010年。
7. 《漢典》。「圭」字條項。2004-2015 zdic.net。
8. 語出《論語．先進》：「南容三復白圭，孔子以其兄之子妻之。」何晏《論語集解》引孔安國曰：「詩云：『白圭之玷，尚可磨也。斯言之玷，不可為也。』南容讀詩至此三反復之，是其心慎言也。」比喻説話謹慎。如：「他為人老成穩重，三復白圭，所以深得主管器重。」
9. 語出《論語．先進》，見註8。
10. 《朱子語類．卷二九．論語．公冶長下》：「如甯武子雖冒昧向前，不露圭角，只猝猝做將去，然少間事又都做得了，此其愚不可及也。」不露圭角指才華內斂，不露鋒芒。
11. 胡昇編著：《文物與成語——湖北省博物館文物背後的成語故事》。武昌：武漢大學出版社，2015年，頁1。
12. 語出晉．崔豹《古今註．卷上．輿服一》：「華蓋，黃帝所作也。與蚩尤戰於涿鹿之野，常有五色雲氣，金枝玉葉，止於帝上，有花葩之象，故因而作華蓋也。」見《教育部成語典》。「金枝玉葉」成語條項。中華民國教育部版權所有，2010年。
13. 同註12。

4.2

玉・神明

■ 它的全部奧秘是由破裂引發的。

玉觀音 | 文於天

玉觀音靜靜坐在陽光照不到的神龕上
出現一道裂縫
香火撩於那道縫下
維持了二十多年的坐姿
屈曲在白色玉質的瓷片中
但我們不供奉神的關節

念誦的時候
經文是不經的話兒，像首歌
像巖石的沉色，像搖滾樂所沒有的
豪言壯語

裂縫沿着玉觀音
分成兩半，它的全部奧秘
是由破裂引發的，髮絲般界於
灰藍色的煙，分開了
裏外，玉在其外，時光也流於那片
玉質的河流，那是暗處的秘密
那一半的玉觀音，彷彿和我一樣
竟如此脆弱

就像我們，在靈魂的星系中尋索得太久
經過了一個又一個地方
為了尋找一片海邊的烏賊骨
在這片煙霧之中想像、叩首
外邊的災害僅僅是過去的景物
過去是不動的，像一堆沙子
流逝，海浪謝場，玻璃
反饋了憂傷，憂傷是礦物質的
（一片白玉從此屬於神的衣裳）

我們生活在自己建造的城市
那是一座待拆的煉獄，有樂園
有神龕可以放下思考濾剩的廢物
為時間狩獵，一隻動物
為青春寫了一句
以後不敢再讀的詩，
但經文從不暗示困難的含意

我告訴玉觀音一件內疚的事
我又轉告玉觀音另一些困惑已久的事
入了夜，火光熊熊的城市
便像鞭炮一樣燃燒
衝突可以定義，裂縫也許能夠癒合

羣神的影子，焦慮的天空
如居於同一間大屋
都是瑪瑙、石英、玉髓
像雲母，像玳瑁，
像琥珀內一隻剛剛飛過白堊紀的蝴蝶
裝飾着那道玉的河流
終於一點一點流乾了

那一年的春天潮濕
玉觀音流着凡間的汗
抽濕機過濾着大地的寧靜
如思考終於變成石頭
以印璽戳下，一個傷痕
在中國的語法中
神是一片愈摸愈亮的瓷器
易碎卻堅固，有時我不知道應不應該想像
玉觀音的性別，她的易碎，殘酷
香的苦味，慢慢滲入那道裂縫
這些香氣和藥劑，夏天的時候，
又被玉觀音吸掉，呼出
如煩惱的驅蚊劑

2016.2.11

亞當的後代與石頭 | 布正峯

■ 阿當的兒女喜愛賞玩石頭。

神說：「天下的水要聚在一處，使旱地露出來。(註1)」我便從水裏冒出頭來。神看我光禿禿不好，便說：「地要發生青草和結種子的菜蔬，並結果子的樹木⋯⋯(註2)」於是我全身都長滿了青草，頭頂也長滿了荔枝和芒果一類的熱帶水果。

之後幾天，天上有了日月星辰，鯊魚和龍蝦在海裏呆着，獵鷹和海鷗在天空盤旋，暴龍和甲由在地上行走，最後，神用我身上的塵土，造了我弟亞當，要他治理這地，管理活物。感謝主！莫講人，連暴龍都是吃素的。亞當日日耕地，我便日日長些東西給大家吃。一切相安無事。

然而，歷史上最大的悲劇發生了──亞當夫婦偷吃了智慧之果後，竟然發明了上班！大家都得勞苦才有飯吃。於是鯊魚開始咬碎龍蝦，獵鷹偷吃海鷗寶寶，總之，大的整天追着小的吃，十分忙碌。

我弟的兒女屢次遇險，我便給他們石頭，好讓他們與暴龍甲由等兇獸抗衡。他們撿到又小又脆的石頭，狠狠地丟出去，有時獵到一些天然呆的山雞和兔子；撿到又硬又韌的石頭，往我身上猛砸，砸出一個理想的形狀，磨幾磨，便綁在木上，造槍造箭，獵殺大型猛獸，食其肉，取其皮毛。人力有限，他們從來都沒有成功捕獲過暴龍，但由於他們有羞恥之心，會穿衣服，結果暴龍在冰河時期凍僵了，而人們還是暖乎乎地活着，可見人知廉恥，萬分要緊。

除了上班這種為禍人間的發明之外，也有煉金術這類造福百姓的發明，盡顯造物者創造天地的巧思，以及人類的智慧。人們砸石頭砸不過砸了千萬年，很快便學會把石頭丟在火裏燒，煉出石頭裏暗藏的金銀銅鐵鉛來。金屬能夠隨意變形，人們不單能夠造銅槍和鐵箭頭，更能打造銅鎚鐵鑿，反過來往我身上招呼，以剝取更多石頭來燒，然後製造更多銅鎚鐵鑿來敲我，品德實在不高。有天，他們說要愚公移山，鼓勵人放下工作，由朝到晚不停鑿我，嚇到我心跳一跳，弄爆了兩座火山。幸好，那時候他們人微力弱，而且光說不做，沒把我怎樣。

石頭的用處愈來愈少，人們卻愈來愈珍愛石頭。古往今來，名氣最大的石頭，莫過於卞和那孩子在溪澗中摸到的那塊小和石。小和心地好，見有好石，便堅持要送給大熊首領（楚厲王熊眴），大熊收到石後，沒割開石頭來看，卻莫明其妙地割了小和的左腳，真是腦灌鉛。

幾年後，小和再堅持把石頭送給中熊（楚武王熊通），中熊真不愧是大熊的兒子，二話不說就割了小和的另一條腳。小和抱石痛哭經年，街知巷聞，上達首領，大熊的孫兒熊仔（楚文王熊貲）見小和沒第三隻腳可割了，這才考慮割石，終於發現那灰色的石頭原來是白色的。

我看小和石還不是一塊小石頭？但它卻身價暴漲，市值由「負兩條腿」，升至「正十五座城」，因此有了「價值連城」之說。這四字成語說着好聽，但其實當年有價無市，最終沒有成交，一切只屬秦王的人為炒作。真枉我還比亞當夫婦虛長幾天，他們吃過智慧之果，果然高深莫測，這種送禮給首領的堅持，麪粉貴過麪包的概念，愚兄真是一竅不通。

輾轉間，小和石落入秦時首領嬴政手中。當初，神不過叫人管理魚蝦蟹等活物，嬴政那小子一統天下之後，卻迷戀中央集權，管地又管人，又命設計部的李斯、孫壽，在小和石上刻上「受命於天，既壽永昌」八個大字（註3），以正天子之名，殊不知此舉實違天意，因為人人都是神和我弟亞當的兒女。

小和石成了權力的象徵，由秦時嬴政，傳到漢時劉邦，三國曹操，晉時司馬，隋時楊堅，唐時李淵，近千年間領受石頭者，莫不權傾天下，然後家散人亡，可見權力吃人。直至李從珂看破塵世，肉石俱焚，石頭才消失於人間（註4）。我弟亞當啊，我可無心用石頭害你的孩子。

本來嘛，以前人們爭名奪利，互相撕殺，閒時不念舊情，敲我鑿我，賞玩石頭，我這個身廣體胖的長輩，也懶得跟他們斤斤計較。但現在不得了。你知道人類最聽神的哪句話？沒錯，就是「生養眾多，遍滿地面」。以前，只有幾百人不去工作，兼職鑿我取石，現在呢，有幾十萬人的全職工作，就是用炸藥炸我，用鐵鑿鑿我，還有幾萬人做市場推廣，嫌人買石頭買得不夠多！

百多年前，人們發現緬甸羣山藏有又硬又綠的石頭，真的來個愚公移山。好端端一個大山林，現在一隻馬騮都沒有。唯一值得慶幸的，是中國南陽市政府為推廣石頭文化，投資千萬，粗製濫造動畫連續劇《神奇獨山玉》，達致反宣傳效果，為南陽山的環保工作立下奇功。

緬甸沒南陽幸運。今天早上，為了一元美金的時薪，一千個亞當的兒女取了衣衫和注射器出門（註5），如螻蟻般佈滿我身，不斷挖。天氣焦燥，烈日當空，亞當手臂還可以揮動下去，但精神已經不行了，便到了礦場中最有大自然氣息的地方──竹屋裏休息。亞當和另外幾個礦工，各自靠在竹架上，享受了一劑海洛英。他們靜默地休息了一會，又出去繼續工作，其中一個礦工沒站起來。下午，為了一元美金的時薪，九百九十九個亞當的兒女，如螻蟻般佈滿我身，繼續挖。

我弟亞當啊，我實在無心害你的孩子，但我已經沒有足夠的地方長糧食給他們吃，而他們又要用炸藥炸我了。終於，轟的一聲（註6）……廣東道周生生的鐵閘打開了，櫥窗裏，有一塊翡翠佛雕。

後記

坦白說，對玉文化認識不深。為寫一個關於玉的故事，讀了許多關於玉的文章，走訪了甘肅街玉器市場、廣東道玉石器店舖、長沙灣玉石工廠，跟一位設計師談了兩個小時，逐漸認識玉文化和行業。結果，最令我關注的，卻是緬甸採礦業破壞水土、貪污走私、踐踏人權等問題。

緬甸小鎮，礦工薪金微薄，八成人以吸毒維持精力，其中三成人染愛滋病；中國資金非法投資緬甸玉礦，緬甸軍方帶頭走私玉石圖利，玉石貿易佔緬甸GDP的48%。非洲有血鑽，緬甸有血翡翠。

註：

1. 啟導本編輯委員會：《聖經啟導本》。香港：海天書樓，2006年，〈創世紀〉1:9。
2. 啟導本編輯委員會：《聖經啟導本》。香港：海天書樓，2006年，〈創世紀〉1:11。
3. 傳國璽，一說由和氏璧雕成，一說由藍田玉雕成。筆者用前者的說法。
4. 傳國璽的失傳是歷史之謎，筆者用後唐李從琦兵敗，與傳國璽自焚後失蹤的說法。
5. 礦工帶注射器上班之說，見《紐約時報》中文網〈緬甸翡翠的詛咒〉。
6. 緬甸玉礦場礦難屢見不鮮。2015年11月，緬甸一玉礦崩塌，過百人死。

4.3

玉・城市

種玉 | 李日康

1

《搜神記》曰：

雍伯，洛陽人，至性篤孝，父母終歿，葬之於無終山。山高八十里而上無水，雍伯置飲焉。有人就飲，與石一斗，令種之，玉生其田。北平徐氏有女，雍伯求之，要以白璧一雙。媒者致命，伯至玉田，求得五雙。徐氏妻之，遂即家焉。

阿勇的監倉連高懸的一口鐵窗也沒有，濕翳的石屎牆壁使他的感官變得單調。他太疲累，終於睡着了，和從前一樣。

2

八時十五，鬧鐘響。阿勇打個冷顫，從一塊既長且窄的假雲

■ 在這塊巨型的石頭裏，每個人都死守自己的門。

石窗台中輾轉過來，睜開眼，又是一天。他從背包取出牙刷毛巾梳洗，如常含住兩粒香口珠便回地產公司去。

翠雲臺、景峰苑、臨海天下……每天阿勇都在不同的豪宅遊走，每一所都是他的房子，每一所都不是他的房子；任何一所他都沒有能力負擔，任何一所他也擁有門匙。阿勇這種行徑在行內不是秘密，反而人所共知，基本上從業員都得到老闆默許。但潛規則是，不要被業主揭發、不要弄壞單位內任何裝修、不要留下任何痕迹，最好變成空氣──其實空氣也不好，因為空氣帶有溫度、濕度，會使物質氧化。氧化是生命的規律，也是予人壓價的口實，最好變成一束影。因為，影子可以入牆，可以收藏在假天花，而在屏風樓、無窗樓已成建築潮流的城市裏，黑影與人的關係，似乎比光更親密。

阿勇並不是沒有住處，他在深水埗有板間劏房，五十平方呎，租金二千八百五，無廁所，不包水電，自己經手，毋須佣金，公價。再貧乏的人，多少總有點身外物，例如證書、洩氣的籃球、舊相片。存放無法收拾的雜物，就好像習俗，每個城市人總要有點，才顯得正常。因此，他總要一個空間去存放另一些佔空間的事物。有時那些放售放租單位的管理員過於盡忠、又或者豪宅過於光潔亮麗，阿勇也會選擇回到劏房，如同側睡雲石窗台一樣，草草闔上眼、草草地睡。

阿勇沒有不良嗜好，也沒有嗜好，除了不曾移動的身外物，他淡薄如影，而且是有禮貌的影。

他教育成洗衣機一樣，努力地攪拌自己，希望可以分離出更多更多的笑容，以應付眼前有可能達成交易的老翁。老翁說要水，便有了水；要風，就有了風；要吃的，就有了蛋糕麪包餅乾香蕉蘋果橙。阿勇只要他在合同的末端，署上一個不用太工整的名字，可是老翁始終沒有，卻反過來向阿勇推介一種又一種傳銷貨品，例如一隻鮮黃色設計簡單的夾子，說可以透過真空原理把開封了的食物保存十年而不變，又例如一瓶可以洗碗潔廁外敷內用美容排毒的能量水，諸如此類。

這天阿勇太疲累了，他像所有拋垃圾的普通姿勢，隨手把這些廢盡唇舌換來的戰利品，擱在板間房本來已經擠迫的牀尾。他終於睡着了。

八時十五，鬧鐘響。阿勇打個冷顫，他覺得腰肢直到腳底都不自在，揉眼一看，昨天的傳銷垃圾竟比記憶中的多，佔據了五十平方呎的二分一，他再闔上眼，覺得那些物品終有一天會變成與其他雜物一樣，毫不違和。但他睜眼回顧劏房四周，不止是垃圾，與此同時劏房的空間感改變了。他霎時有種錯覺，覺得反而縮小的是自己，房間透過一種新的比例，以海嘯般的態度將自己淹沒。

阿勇從雜物海嘯中，翻出不少曾經珍視的物件，如一部節衣縮食儲錢購買的遊戲機，已經丟棄多年的紀念品，也一一復見，甚至一些與阿勇可能並無關係的物件，也出現在房間裏頭，就如他撥開一層又一層的舊物，發現一名少女瑟縮在一台不知從何而來的鋼琴與搖搖板之間。

3

阿勇辭去地產公司的工作，他變成了放租者。

所有人都稱讚阿勇真人不露相，原來這樣過日子，就是要炒起一個舊唐樓大單位，再劏成十間劏房分租。同事獻媚取經，老闆則暗地把阿勇拉往一邊，叫他不要獨食，有樓齊齊炒，有房齊齊劏。阿勇步出地產公司，不知怎地，他想起當日在豪宅的留宿經驗，他並沒有浮現苦盡甘來，或者發財立品之類的想法，相反，他覺得分別不大，他只是效法城裏所有人處理產業的方法，從前和現在，都是等一個面善或不面善的人，為你簽一個名字，然後彼此好像再無瓜葛地生活下去。

生活中唯一可稱得上不同的，就是阿玉的出現，也就是那個瑟縮在鋼琴與搖搖板之間的來歷不明少女。阿玉不會說話，或者說，阿勇未曾聽過她說任何的話，但正如存放無法執拾的雜物，人們總會為那些不應該的存在，構想種種解釋，以顯得自己是可以理喻的、有解釋力的。因此，阿玉這個名字是阿勇擅作主張安插在少女身上的，他構想的故事是這樣的：我在房間裏種出了自己的妻子，她名叫阿玉，是某位久別重逢的情人，就如其他夫妻一樣，我們生活下去。

少女沒有反抗，也沒有不反抗，如同阿勇面對接下來房間變形的反應。他的劏房像細胞分裂一樣，透過吸收同層其他劏房的空間、牆壁、雜物，孕育出新的、一式一樣的房間。其他劏房租客在某日天光以後，全數消失，阿勇猜想可能是抵受不了變異的環境，但解釋又無法取信於他人，所以同時搬走。事實上，阿勇沒有作太多推敲和深究，因為有沒有鄰居，對阿勇來說分別不大，彼此不曾交談，下班以後返回各自的空間，寧靜，不騷擾他人，好像沒有人存在過。

直至地產公司的職員打電話來，投訴阿勇的租盤出了問題，阿勇才意識到房間的世界已經不同了。有的租客投訴劏房時大時細，牆壁懂得移動，有的租客家屬則報稱在相同的房間，再找不着他們的家人。幸好，所有投訴者沒有任何怪力亂神的聯想，相反，他們控告阿勇沒有按合約的租用條件提供單位，或者，阿勇起碼要在租約上列出有可能出現的情況，然後重估租值。

有時候，阿勇想依照自己構思的劇情，找阿玉聊一聊，然後吵架，繼而和好。但是，阿玉不見了，或者，與其說不見了，不如說，阿玉在任何房間也有可能出現。房間不斷複製自己，橫向，繼而縱向。阿勇這時還不知道，整幢建築呈不規則的形態向四方八面進發，把整個小社區的其他大廈、道路、公園同化成一顆巨大且劃分成密密麻麻方形單位的土塊，離遠看上去，就如同在大地上滾動的石頭。阿玉不曾失蹤，只是她每出現在一所不同的房間，阿勇就要吃力地想像一種正常理由。

租客、地產公司，以至執法部門都決定懲治阿勇，房間逐漸同化，但反正現在各人還有各自的空間，吃的睡的工作的，生活如常，因此懲治不守法、不合於常理的阿勇，就顯得更形重要。於是，阿勇被判監。執法部門不能確認阿勇有否服刑，因為在這顆石頭裏面，已經沒有人能正確地抵達任何人的居所，但與此同時，他們也不曾擔心，因為所有人也都無法離開所在的房間。

4

他的監倉連一口高懸的鐵窗也沒有，濕翳的石屎牆壁使他的感官變得單調。妻子呢？也許，此刻她正身處這石頭一樣的城裏，某間未被命名和發現的初生房間，蜷曲身體，匍匐着。思考使他疲累不堪，睡了，在沒有光的地方。他不會察覺自己的老去，知覺漸漸麻木，情人會逐漸淡出他的記憶。從來也沒有所謂的獄卒、懲教員去看守他，在這塊巨型的石頭裏，每個人都死守自己的門，並堵住了一切想像飛行的可能。

後記

《搜神記》中講述，伯雍免費製飲料給行人喝，有人喝後送上一斗石，指埋在地下會有玉長出來，日後會幫助他娶到好妻子。某天，伯雍向一位名門女兒求婚，對家戲弄說，若拿來一對白璧就答應婚事。他返回種玉的田，找到五對白璧便用來求婚。

〈種玉〉與《搜神記》的原文，有一點對寫，或者是有故事新編的味道。

玉，令人聯想到美人如玉，原著中，玉田與美人基本上是一樣的，都是因着美好的形象，象徵對善人的物質獎勵；原著的田能種出玉石，和〈種玉〉中的樓能種「玉」，表面上都是虛幻的，神異的。

但實際上，如上文提到，原著的玉和美人其實都是對某種道德／行為／想法的實質嘉許，骨子裏一點都不虛無飄渺。相反，十分現實，甚至乎在我眼裏，會覺得現實得有點物質主義的味道。

因為一個人為善（或為惡），原來其實都是要以物質財富作為結果的衡量。在我的〈種玉〉裏，阿玉／突如其來的情人，表面上是虛幻，骨子裏也是虛幻，她以她的虛幻，以及隨之而來（或一併到來）的災難，摧毀主角，甚至城市。

阿玉這角色，完全是直感的，某程度上阿玉這角色用她既虛無和破壞力，向強調實際用途的原著，以及好講功利價值的現代資本主義社會，打了一巴掌，魔幻中有反諷。

4.4

玉・緣

巧合 | 陳怡玲

週末晚，劉玲相約朋友到汗蒸館，想舒展筋骨，舒緩壓力。在進入蒸房之前，她把手提包存放在儲物櫃，然後安心汗蒸去了。一身輕鬆的劉玲走出汗蒸房，從儲物櫃裏取出手提包時，發現放在包裏的翡翠玉鐲不翼而飛。她猜度：能打開儲物櫃的鑰匙，一直牢牢握在自己手中，玉鐲也不會長了腿跑掉。於是，她馬上向汗蒸館的負責人報告玉鐲失竊，在現場進行交涉。奈何負責人的態度冷淡，拖了半天，也沒給一個滿意的答覆。

由於這隻翡翠玉鐲是家族的傳家之寶，不能就這麼沒了，她只好報警求助。警察來到案發現場展開調查，取走了汗蒸館內的監控。結果，警方通過監控發現，負責館內清潔的李某有重大作案嫌疑。然而，面對警察質詢，他矢口否認：「失竊跟我有啥關係？我根本沒有做過這回事。」

由於沒有充足證據，這件事還是不了了之。

事有湊巧。在案發後一週，一個三十多歲的女人走進劉玲的珠寶店。

「我這隻翡翠玉鐲，你看看值多少錢？」女子將玉鐲交到劉玲手上，讓她估價。

劉玲接過玉鐲，愈看愈像是自己那丟失的，但又不好意思直接問。於是，她仔細鑑定，發覺翡翠玉鐲跟她原有的極為相似，只是玉鐲上的小花紋還是有點出入。劉玲感到好奇，為何這隻翡翠玉鐲，跟自己的會這麼相似？

■ 再三了解，方知道玉鐲原是一對。

在她再三追問下，方知道玉鐲原是屬於這個女人的丈夫，因家中缺錢，只好將玉鐲變賣。

「你可以請他來一趟嗎？我想問問他關於玉鐲的事。」劉玲還是放心不下，想知道真相。

「他在附近上班，應該可以馬上過來。」她拿出手提電話，準備叫丈夫來走一趟。

「那就麻煩妳了。對我來說，這隻玉鐲是很重要的。」

「不要緊。我丈夫姓李，就在不遠處的汗蒸館工作，他正趕來。」

劉玲聽後，更覺得可疑，隨即問她：「汗蒸館？你丈夫是負責清潔的嗎？」

「是的。你怎麼會知道？」

「因為我經常光顧那間汗蒸館的。」劉玲猜度，這隻翡翠玉鐲跟自己所擁有的，肯定有莫大的關係。

不消一刻，李先生從汗蒸館趕到珠寶店。

劉玲一見到李生，已按捺不住，急得大罵起來：「你跟我說清楚，這隻玉鐲究竟是怎麼一會事？」

女子在旁，嚇得不敢作聲。

「請你稍安毋躁。」李先生從褲袋拿出一隻玉鐲。「其實我也想找你，剛才我在放客人用過的舊毛巾籃子旁，找到一隻翡翠玉鐲。由於玉鐲剛好卡在籃邊，沒有跌破，但又不易被發現。我望着玉鐲，馬上想起了你。我正想致電警方聯絡你，但剛接到我太太的電話，就趕到這裏來。豈料，在這裏竟然遇到你。」

劉玲馬上流露出歡愉的表情。她接過手鐲，指着另一隻玉鐲，有點疑惑說：「為什麼會有兩隻近似的？」

「剛才我撿到玉鐲時，也嚇了一跳，怎麼我的玉鐲會在這裏？」李先生說，「後來，我再仔細看，兩隻玉鐲的玉紋還是不一樣的。」

「是的，兩隻玉鐲很相似，但又不一樣，應該是來自相同的玉材。」劉玲說。

「兩隻玉鐲相遇，猶如失散的兄弟重逢。」李先生也感到不可思議。

劉玲決定用高價收購李先生的玉鐲，一來希望他有錢度過難關；二來要答謝他不計較曾被懷疑是偷竊者，還肯幫忙找回玉鐲；三來更想兩隻玉鐲可以湊成一對。

經過了解後，李先生亦很樂意接受了這宗交易。

後來，劉玲再三了解，方知道玉鐲原是一對，原物主因家道中落，只能變賣家財，兩隻玉鐲就從此分開，輾轉分別落入李先生和劉玲手上。

一百年後，兩隻玉鐲又再度走在一起。世事就是如此巧合。

玉墜 | 小邦

我對玉素有研究，還經營了一間玉器店，生意也算不錯。我之所以愛上玉，源於爺爺的家傳之寶。

爺爺有一個玉墜，據他說值二十萬元。這個玉墜，我見過一次，但當時我年幼，對玉一無所知，不懂鑑別，不過，卻引起了我對玉的興趣。自此，我愛上了玉。

幾年前，爺爺得了重病，怕自己命不久矣，決定將那個價值不菲的玉墜送了給我。

我記得那天，我從爺爺手上接過玉墜，正在仔細鑑賞時，情不自禁地「啊！」了一聲，心想：「假的！」

我的驚呼聲嚇壞了爺爺，爺爺說：「怎麼了？」

「不錯……不錯，這個玉墜很好，很罕見。」我不敢道出真相，怕爺爺接受不了事實。

無可否認，這個玉墜的仿真度很高，外行人的確很難察覺得到。「這種硬度低、密度小、光澤較弱的玉器，只是由其它玉質冒充上等玉器。」我拿着爺爺的玉墜喃喃自語。

雖然只是不太值錢的便宜貨，但我還是好好保管着這個玉墜。一來，這個玉墜是爺爺留給我的寶物，紀念價值比實際價值高；二來，就是這個玉墜，令我對玉產生興趣，是我事業發展的奠基石，很有意義。許多時候，我會把玉墜帶在身邊，視它如隨身珍品一樣。

今天店裏來了一位客人，手中拿着與我口袋裏一模一樣的玉墜，要讓我做鑑定。

我望着玉墜，呆了一會，心想忖度着：「真巧，怎麼會有兩件一模一樣的玉墜。」

「怎麼了？」客人問。

「沒什麼，我覺得這個玉墜很眼熟。」

「真的嗎？」客人緊張的問，「我正在尋找另一個相同的玉墜，你告訴我在哪裏見過，好嗎？」

「我見過那個玉墜，看似是一般貨色，很重要嗎？」我拿起客人的玉墜，假裝為玉墜鑑定。

「是的，很重要的，因為我想找這個玉墜的主人。」

我望望玉墜，又望望客人說：「至於這個玉墜嘛……」

「是上等的玉。」客人搶着說，「玉墜的硬度、色澤，甚至是雕工，都屬上等。」

憑經驗，我知道這個玉墜是件寶物，與我手上的，截然不同。我點着頭說：「不錯，真的不錯，應該可以賣到好價錢。」

「不賣的，不賣的。」客人繼續追問說，「你記得在哪裏見過另一個玉墜嗎？我要找它，已找了幾年。」

「兩個玉墜是有點相似，但不一樣的。」我把玉墜交回給客人。

「我知道，另一個的價值沒有這麼高的。」

「既然你知道真相，為何又要找對方呢？」我好奇地問。

「實不相瞞，我受委託，要將這個玉墜物歸原主。」

我聽得不明不白，對客人說：「這是怎麼一回事？」

客人坐了下來，徐徐地說：「當年，我的爺爺很喜歡這個玉墜，可是家道中落，需要變賣家財。在變賣玉墜前，爺爺請玉石老師傅仿照玉墜做了一個仿製品，然後將真品賣了出去。」

「為什麼玉墜又在你手中？」

「買家是個老實人，但他不懂分辨玉，在交易中，爺爺誤將仿製品交給了買家。」客人歎了一口氣，「待爺爺知道真相時，已經找不到買家了。」

「事隔多年，為什麼現在才想找另一個玉墜？」我追問下去。

「不是的，爺爺一直有尋找玉墜的下落，可是找不到。」爺爺病逝前，仍為這件事耿耿於懷。「現在，我只希望能為爺爺找到那個買家，我要代爺爺完璧歸趙。」

「你記得這個玉墜賣了多少錢？」

「二十萬。我爺爺說賣了二十萬。」客人肯定地說。

我伸手入口袋，拿出玉墜：「你要找的，是這個嗎？不過，這個是我爺爺的遺物，很有價值，不賣也不換。」

■ 這個是我爺爺的遺物，很有價值，不賣也不換。

4.5

玉・情

■ 這是最後一次給你買手鐲，再摔破，就不買了。

玉鐲 | 張彩慧

友住巷頭，我住巷尾。每有空閒，我都會找她們去河畔玩遊戲。

這天，我剛洗完頭髮，又想走到河畔玩，我拋下一句：「我去河畔吹頭髮」，然後衝出大門，揚長而去。

來到巷頭，玉珠和玉馨兩姐妹亦在洗頭髮。我和玉馨四目相望，她似乎看出我的意圖，就說：「快了、快了。」她的手一上一下地搖動水泵把，水嘩嘩地沖着，忽然上下打量着我：「你爺爺又買了玉鐲給你？顏色很好看啊。」我用右手摸摸戴着的手鐲，臉紅了。

玉珠聽她姐姐一說，仰起頭看看我。「喂，你別移開頭髮！」玉珠話剛到嘴唇又吞了進去，只好低下頭，繼續給頭髮沖水。

夕陽下，我望着地上的影子，故意伸出手，做出各種手勢，只為了照照手鐲的影兒。玉珠用布抹抹頸，抹抹臉。我望着她身後的影子，我摸了摸左手的手鐲，得意地笑了起來。

「我們去河畔吧！」我們仨就往那兒跑。三個人，面朝着河，靜靜的坐在榕樹下。「我覺得今天的風不大，要不我們起來玩你追我趕的遊戲，可好讓那樣『風大些』。」我摸了摸手鐲，猶豫了一下，想起爺爺買手鐲給我時，不斷叮嚀着：「這是最後一次給你買手鐲，再摔破，就不買了。」我轉身看到她倆早已竄到榕樹下：

「快來剪刀石頭布，誰輸就誰捉人。」

圍着偌大的榕樹，我們來回地轉圈圈，誰也捉不到誰，只聽到我們的驚叫聲在不停地回蕩。

「啊！」我被榕樹的根絆倒了，摔了個臉朝地。我怔住了，用尚有知覺的右手摸摸手腕兒，手鐲沒有了，我心想：「死定了，這下死定了，我又得挨罵了！」

玉珠、玉馨兩姐妹幫我撿起碎了的手鐲，而我只是呆呆地坐在那裏：「沒了，玉鐲沒了！」

回到家，我把玉鐲的兩片碎片放在桌上，支支吾吾地叫着爺爺。爺爺轉過頭來，似乎早已猜透我的心思。他站了起來，我低着頭，心想要罵了。

爺爺嚴厲地問：「這次又在哪裏摔倒？」

我用像蚊子飛一樣的分貝跟他說：「在河畔」。

爺爺聽後，走了入房間。我心知不妙，馬上跪在祖先神位前，聽候發落。我聽到爺爺的腳步聲愈來愈近，就閉上眼，伸出手掌。

「你的手要再高舉一些！」爺爺說着，然後捉住我的手。

我以為爺爺要大力打我手掌的時候，爺爺卻在我的傷口擦了一下。我睜開一隻眼，偷偷地看着：「嗯，是酒精？」原來是爺爺托着我的手，用酒精幫我的傷口消毒，口裏還說着：「應該很痛吧！」

本來是痛的，但我望着慈祥的爺爺，也不覺得怎麼痛。

之後幾天，爺爺都沒有說起手鐲的事。我知道，事情已告一段落，而他亦不會再買手鐲給我了。

這天晚飯後，我看到爺爺房裏有一件用布包着的東西，在好奇心的驅使下，我掀開看看是何物，「啊！是玉鐲。」

我擦擦眼睛，在仔細琢磨，從色澤和款式來看，有種甚是熟悉的感覺——只是有兩個位置有金鑲着。我小心翼翼拆下包裹着的紅繩，套進左手。「這應該不是買給我的吧？」這時，我發現布裏有一段小字，寫着：「給么孫女的手尾物」。我笑起來，悄悄的把玉鐲放回原處。我想，爺爺在適當的時候，會親手送給我的。

直至今天，我終於知道「手尾物」的意義了。我摸摸手腕上的玉鐲，抬頭看看天空，說了一聲：「謝謝！」

無價之玉 | 陳妹

「媽，我跟你說了很多遍，我很忙，哪有空回家吃飯？得了、得了，現在我還有一個會議要準備呢！」小趙匆匆掛了線，一不留神，踩到地上的物件。「哎喲！這是什麼東西？」

小趙低頭一看，正是一塊玉，雕成慈眉善目的佛像。佛像玉身通透靈巧，微微散發着幽幽的綠光。小趙拾起玉佛，隨手放進褲袋，然後又繼續工作。

直至中午時分，小趙打算去茶水間泡咖啡，意外聽到王總秘書處的兩個秘書在竊竊私語：「王總一直戴着的玉佩不見了，他很着

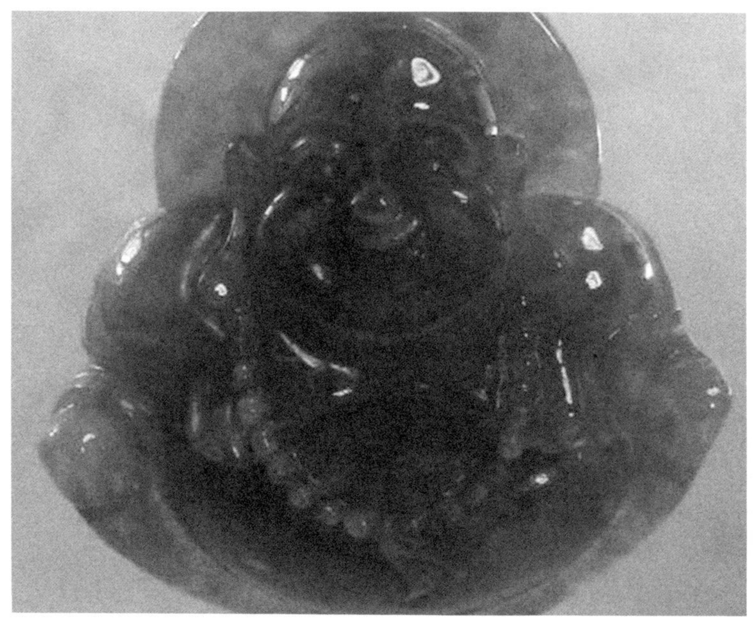

■ 這塊玉，是他對母親唯一的念想物了。

急……」

「喲，怕是很值錢的吧！」

小趙想起今早撿到的玉佩，摸摸褲袋，發覺還在，心想：「王總是公司的重量級人物，這個玉佩肯定是上得了檯面的貴東西，說不定，是什麼皇帝年代的飾物，是無價之玉！」想到自己白白撿了個便宜，心情也變得愉快起來了。

小趙隨手拿起文件，準備找王總，順便探一探他的口風。

「王總，這裏有份文件需要你簽署。」小趙繼續說，「我聽說，你丟了玉？」

「什麼？你知道丟哪兒了？」

「不是，只是剛才聽到有同事說起這件事，也就隨口問問。」小趙繼續追問下去，「王總，你這麼緊張這塊玉佩，想必是個無價之玉吧！」

王總聽罷，隨即露出了失望的表情，無奈的搖了搖頭。

「跟你說吧，我從小就戴着這塊玉佩，一直以為是無價寶。」王總放下文件說。「我初次創業的時候也在想，自己身上還有塊玉，應該是家中的傳家之寶。若果創業失敗，還能將它給賣了，也算是給自己留個保障。後來，我去到玉器行做了鑑定，原來，這不過是一枚普通的玉而已。」

「那你還……」

王總聽了，微微一笑，講起了他母親自小對他千叮嚀、萬囑咐的，要求他戴好這東西，生怕他弄丟了，吊玉墜的繩都已經換了好幾十條，但是那個玉佩依舊幾十年如一的，懸掛在胸前，就像母親依舊還在他身邊一樣。王總又繼續說：「小時候的我，多病痛。母親為我求得玉佩，還花了半個月口糧錢呢！」

這個不值錢的玉佩，卻包含了母親對保護孩子平安周全一輩子的熱切期望，那一份沉甸甸的無價母愛，所以，這塊玉，是他對母親唯一的念想物了。

小趙聽後，一份患得患失的感覺湧上心頭，然後，他靜悄悄把玉珮放在辦公桌上，欠身出了辦公室。

「嘟嘟……」電話響起。

「媽，我下班就回家，今晚有什麼好吃的……」

早就擁有了那無價之寶，只是自己從未發覺。

第五部【金玉良言】

為生命伴奏的玉

子欲養而親不在，當不少人失去後，才發現囉唆的爸媽是無價寶。親人和玉一樣，要趁失去前便要學懂珍惜。

在我頸上那小玉器，是自己買給自己的。雖然佩戴了不久，但也想，它可陪我多久？它為我的生命，可默默伴奏多少歲月？

5.1

伴隨生老病死的譜號

簡單的形狀象徵如意、長壽、平安、吉祥。

中國人一直視玉為珍品，在古代有護身、辟邪、穩定情緒、定驚安神及袪病消災等功效。今日醫學昌明，現代人未必踴躍地從玉身上尋求上述「古功能」，但仍渴求它所被賦予的寓意——如意、長壽、平安、吉祥等。

「玉雕琢能成器」，手藝和意念能為一件平凡玉石提升市價。一份寓意、一份感情，甚至可讓它在形而上的層面增值，甚至超脫其物質價值。

玉很神奇，不單指其功效，而是指它為歷世歷代中國人，進行生命記錄的任務。的確，它伴隨我們經歷生老病死。

一、【生】——嬰兒賀禮

對於玉，應該大部分人不會感到陌生。雖然沒統計數據，但以個人考察，許多小孩都戴過玉，可能是玉鐲，又可能是玉墜。據說，小孩戴玉後可以「定驚」。

年輕人普遍不太喜歡戴玉，不是因為他們「無有怕」，而是覺得有點土氣。不過，隨着年紀漸長，又會對玉產生另一番體會，真奇妙。在職人士，多數愛買十二生肖或宗教類的飾物，希望工作、姻緣順利。到了中年後，如果有點閒錢，可能還會收藏一兩件值錢的玉器點綴家居，把其富裕的感覺昇華。

二、【老】──銀髮飾物

大部分愛追逐潮流的青年，年老後也不會再穿厚厚的皮褸，及佩戴沉重的金屬飾物吧？步入老年，戴玉又成為潮流，男的有玉扳子，女的有玉鐲。總之，玉與老人感覺很匹配。

此外，老人家很喜歡送玉給子孫，祝願他們身體健康、快高長大。但當自己百年歸老後，後人又愛送上玉作為陪葬物。

人與玉關係很密切，在家族內周而復始、拚命循環。老人總覺得玉對嬰孩有好處，壯年人又總覺得老人好玉，彼此相贈。似乎，唯獨年輕人未懂嚐玉滋味，為什麼呢？

三、【病】──玉的藥效

古人並不一定誇大了玉的功效，明代李時珍的《本草綱目．玉泉》裏，也記錄了玉有十四種藥效：

玉氣味甘平無毒，主治除胃中熱，喘息、煩懣、止渴，屑如麻豆服之，久服輕身長年。引別錄：潤心肺、助聲喉、滋毛發。面身瘢痕，可用真玉日日磨之，久之則自滅。

由此可知，玉有一定藥用功效，有益健康。李時珍亦指出：「漢武帝取金莖露和玉屑服，云可長生，即此物也。」道出了漢武帝亦有「服用」玉習慣，希望長生不死。此外，相傳慈禧太后同樣有吃玉習慣。的而且確，玉早就被人入藥，認為對療疾和保健可起作用。

食玉可得到健康長壽，甚至長生不老，是中國自古以來一種流行看法。所謂「玉液」、「玉漿」、「玉脂」、「玉髓」等，都是相傳可食用的玉製品。近年，也有現代養生產品借用了這些名詞，作為產品名稱。至於是否含玉成分、功效是否真實、能否放入口中「品嚐」，便敬請求證，還是小心諮詢專家意見。

四、【死】──死得矜貴

中國人相信玉能護身，甚至可令人長壽，有人便用玉作為陪葬物。許多人覺得，玉可保護人的靈魂，使人體不會腐爛，希望可永保死者生前的原貌。於是，有些人便將玉放在死者口中，一併埋葬。

2016年，中國法院為建國以來最大的盜墓案，進行宣判。這批盜墓者盜掘了遼寧朝陽市牛河梁紅山文化遺址保護區多處古墓，共追回二千零六十三件涉案文物。其中，包括「玉豬龍」及「勾雲形玉佩」等大量古玉。這些古玉，是古人的陪葬品。近年，香港境內亦發生了多宗盜墓案，不少先人的古墓被掘，偷走了墓內裏的陪葬物品，包括一些金器和玉器。

孝感動天，花盡千金製玉衣

說到陪葬品，最經典應該是玉衣。由漢代開始，許多皇室貴冑，耗費巨大人力財力為死者製作玉衣，以求穿上後靈魂永生不滅。玉衣大約在西漢文景時期出現，貴族把玉衣當作重要的葬服，與當時的人相信靈魂不死，認為玉能集天地靈氣於一身，能夠保護屍身不朽，可以使得靈魂升天的觀念有着密切的關係。

所謂金縷玉衣，是漢代規格最高的喪葬殮服，由玉片穿成。然而，西漢的玉衣使用制度並未留下明確記載，按考古發掘資料顯示，已發現的西漢玉衣有金縷、銀縷或銅縷，有的用絲縷。到了東漢，制度則較明確和嚴謹，規定皇帝玉衣用金縷，諸侯王、列侯、貴人及公主用銀縷，大貴人、長公主用銅縷。

玉衣外形跟人形一致，由頭部、上衣、褲筒、手套和鞋，共分五部分。頭部有臉蓋和頭罩，上衣則有前片、後片和左右袖筒。由於組件多，所用玉塊不計其數。一副玉衣，由數以千計大小不同、形狀各異的玉片拼成，還要用上大量金線，是極具價值的歷史文物。

西漢時期南越王的玉衣，用了麻布和絲線，與其他出土用金縷製成的玉衣形式不同。玉衣制度到了公元222年，因曹丕下令廢除玉衣隨葬的規定而中止了。

【特寫】南越王的絲鏤玉衣

位於廣州解放北路867號的西漢南越王博物館裏，展出一副玉衣。廣州，古稱番禺，也是南越國都城的所在地。而西漢南越王墓是1983年發現的古墓，屬於南越國第二代君主越眛。墓中出土文物有一千多件套，合共萬餘件，是一次很重要的考古發現。1988年古墓正式對外開放。

博物館以古墓為中心，依山而建，是嶺南現代建築代表作，曾被評為「中國二十世紀五十五個經典建築」之一；2004年，博物館更入選成為國家AAAA級景區，2008年成為「國家一級博物館」。南越王墓的墓主身穿絲縷玉衣下葬，是中國迄今所見，年代最早的一套形制完備的玉衣。玉衣長一點七三米，共用了二千二百九十一片玉造成，分為：頭套、上身衣、左右袖筒、左右手套、左右褲筒和左右腳套共十部分。

■ 西漢南越王博物館小冊子。

西漢南越王博物館絲縷玉衣。

金玉裹身梦永生

狮子山楚王墓出土了目前我国出土年代最早、玉片最多、玉质最好、制作工艺最精的金缕玉衣。玉衣大致出现在西汉文景时期，到东汉时则实行了严格的玉衣等级制度，只有帝王才有资格在驾崩时穿金缕玉衣，而诸侯死去时只能穿银缕玉衣，一般的贵族和长公主只能穿铜缕玉衣。汉代皇帝和贵族以为死后穿上玉衣就能保持尸体不腐烂，引导灵魂升天。直到公元222年曹丕下令废除了玉衣随葬的制度。请你为这些玉衣找到正确的出土地点。（连线）

A、狮子山楚王墓出土的金缕玉衣

B、广州西汉南越王墓出土的丝缕玉衣

C、河北满城汉墓出土的中山靖王刘胜的金缕玉衣

D、徐州东汉彭城王刘恭后裔墓出土的银缕玉衣

教育小冊子講解不同玉衣的比較。

【特寫】金縷玉衣香港出沒注意｜翁漢輝

近年，可在香港欣賞到的金縷玉衣，是歷史博物館於2015年曾舉辦的「漢武盛世：帝國的鞏固和對外交流」展覽，共展出一百六十二項文物，由全國四十個文化單位借出。展覽中，有件屬漢朝楚王陵的金縷玉衣，是由中國徐州博物館借出。這件玉衣，是目前國內出土的金縷玉衣中，年代最早、玉片最多、玉質最好、工藝最精的。

金縷玉衣體現了漢朝皇室的葬禮傳統極盡奢華的一面。中國傳統推崇美玉，認為它堅硬、恆久與華麗，甚至認為用它包裹屍體，可保永生。故此，才花費大量人力物力採集美玉，然後一片一片用金絲縫製成金縷玉衣。

由徐州博物館借出的這件金縷玉衣，於1995年在徐州獅子山楚王陵出土，所謂的楚王，是指漢初授封的一位劉姓諸侯王。楚王陵曾遭盜墓者闖入，抽取金縷玉衣當中縫製的金絲，導致這件玉衣嚴重受損，後來考古人員發掘楚王陵時發現玉片碎落一地，大大小小共有五千多片。徐州博物館用了接近兩年時間，才把玉衣修復成功。

玉片色澤溫潤，屬於和闐白玉，打磨光滑，手工精細，可見當年投入製作資源之鉅。金縷玉衣分為頭罩、上衣、手套與靴子，就如一套盔甲保護着往生者的軀體。

在香港展出這件一級國寶文物時，我曾多次提醒參觀者要留意玉衣頭頂的天靈蓋位置，是沒有玉片包裹，這是由於古人相信往生者會靈魂出竅，並可在陵墓內自由活動，所以古人在製作玉衣時，特地遺下此「漏洞」；根據漢代禮制，只有皇帝可穿金縷玉衣，諸侯王則只可穿次一等的銀縷玉衣。可是，貴為諸侯王的楚王，在死後竟僭越了天子之禮，用上了金縷玉衣，可見漢初劉姓諸侯王的跋扈。

它保持數項文物記錄：

1. 距今超過二千多年，是年代最早的一件；
2. 玉衣長一百七十四厘米、寬六十八厘米，共用一千五百七十六克金絲，連綴起四千二百四十八塊大小不等的玉片，是玉片數量最多的一件；
3. 全部用新疆和田白玉、青玉組成，玉質最好；
4. 工藝和設計精巧，作工細緻，拼合得天衣無縫。

■「漢武盛世」展覽海報。

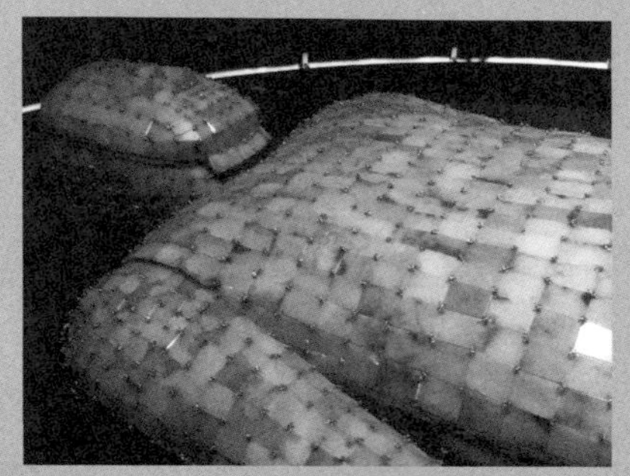

■ 金縷玉衣在香港展出時的情況。

5.2

抓緊生命節奏，勸君惜取少年時

先人離別時，生者送上玉衣；學生離別時，師長送上金玉良言。

玉，似乎與時間息息相關，尤其在別離的一刻。「勸君莫惜金縷衣，勸君惜取少年時。」在現代，不少年輕人在結業或畢業禮上，都有聽過這句勉勵說話。這是出自唐代杜秋娘一首家喻戶曉的詩──《金縷衣》：

勸君莫惜金縷衣，勸君惜取少年時。

花開堪折直須折，莫待無花空折枝。

意思是：

我勸你不要只是愛惜你貴重要物件，應該愛惜少年的時光。畢竟，青春年華更為寶貴。青春的光陰，好像鮮花一般的可愛，花朵到了可以攀折的時候，就應該把它攀折，不要等到花朵凋謝之後，再去攀折它那已光禿禿的枝頭。

光陰與玉的意義，同樣易被忽略。當擁有太多，便未必懂得珍重。師長當然沒有能力，為每位畢業生送贈玉器，但送上一句金玉良言，也十分珍貴，可伴隨一生，終身受用。當信念和情感昇華後，或許可破玉而出，超越其物質限制，無止境地傳承下去。

編者結語——
玉，今世的時代意義

玉是一門博大精深的學問，就雕琢、鑑賞和貿易等範疇，市面上有無數專書。可是，卻少有人思考玉的今世意義，以至與個人生命、社會的關係。

「物以罕為貴」，是人類為物質訂立價值的法則。經濟學說指，若一個星球的黃金蘊藏量比例遠超於石頭，其價值便有如地球上的黃金。但似乎，中國人社會中的玉，卻未必完全受此法則束縛，其價值仍受雕工、意象、功能，及其所經歷的人情世故所影響。千金難買心頭好，長輩的玉器遺物縱是最差貨色，在孝子賢孫心中仍好比和氏璧般珍貴。

在古代，玉除了是財富，還是審美觀的基石、可隨身攜帶的「品德警示器」、是宗教信仰象徵、是支取安慰和安全感的法寶……不斷利用它投射個人、集體情感和信念。

玉，與年輕人及新時代，似乎格格不入啊！今天，它有什麼意義呢？

在荒謬、錯誤資訊橫飛的世代，「真偽」、「美醜」和「對錯」開始玉石難分。玉提醒我們，社會需要有高超的觀人術，尋找「寧為玉碎不為瓦全」、建設社會未來的真君子；在關係疏離、感情薄弱，破碎了不能回復的年代，玉提醒我們要珍惜眼前人；生活放縱的時候，玉提醒我們要注意健康。

在重視權威的時代，玉鼓勵年輕人不要輕看自己。和氏璧成為被爭奪對象前，起初也曾被視為廢石。只要肯接受雕琢，去蕪存菁，廢青也終會受賞識，成為無價寶。